绿色食品
GreenFood

2020
绿色食品发展报告

中国绿色食品发展中心 编

中国农业出版社
北　京

图书在版编目（CIP）数据

2020 绿色食品发展报告／中国绿色食品发展中心编
．—北京：中国农业出版社，2021.9
ISBN 978 - 7 - 109 - 28875 - 1

Ⅰ．①2… Ⅱ．①中… Ⅲ．①绿色食品—产业发展—
研究报告—中国—2020 Ⅳ．①F426.82

中国版本图书馆 CIP 数据核字（2021）第 212526 号

2020 绿色食品发展报告
2020 LÜSE SHIPIN FAZHAN BAOGAO

中国农业出版社出版
地址：北京市朝阳区麦子店街 18 号楼
邮编：100125
责任编辑：廖　宁
责任校对：吴丽婷
印刷：中农印务有限公司
版次：2021 年 9 月第 1 版
印次：2021 年 9 月北京第 1 次印刷
发行：新华书店北京发行所
开本：889mm×1194mm　1/16
印张：5.5
字数：160 千字
定价：68.00 元

《2020绿色食品发展报告》
编 委 会

主　　任	张华荣
副 主 任	唐　泓　杨培生　陈兆云　张志华
编委会委员	马乃柱　李显军　何　庆
	李连海　梁志超　余汉新　王华飞
主　　编	张华荣
副 主 编	张志华
执 行 主 编	刘艳辉　张　宪　唐　伟
技 术 编 审	马　雪　粘昊菲
参 编 人 员	（按姓氏笔画排序）

刁品春　马　卓　王　敏　王多玉　王宗英　王俊飞

王雪薇　丛晓娜　兰宝艳　刘青青　刘斌斌　孙　辉

孙跃丽　杜海洋　时松凯　沈光宏　迟　腾　张　月

张　慧　张会影　陈　倩　陈　曦　陈红彬　林园耀

赵　辉　赵建坤　邰维娓　修文彦　宫凤影　秦　芩

夏兆刚　栾治华　高继红　常　亮　常筱磊　雷秋园

穆建华

2020

绿色食品发展报告

目　录
CONTENTS

甘肃省绿色食品原料标准化（油菜）基地

第一篇

综　　述

黑龙江省绿色食品生产基地

2020 绿色食品发展报告

第一篇 综 述

一、发展政策

2020 年是极不平凡的一年，既是我国脱贫攻坚、全面建成小康社会的收官之年，又是绿色食品事业发展 30 周年。年初新冠肺炎疫情突然来袭，给绿色有机地标工作带来许多困难和挑战。整个工作系统坚决贯彻落实中央决策部署，按照农业农村部党组的要求，齐心协力，攻坚克难，扎实工作，推动绿色有机地标事业保持平稳健康发展。

《中共中央　国务院关于抓好"三农"领域重点工作确保如期实现全面小康的意见》
（2020 年中央 1 号文件）

文件提出，继续调整优化农业结构，加强绿色食品、有机农产品、地理标志农产品认证和管理，打造地方知名农产品品牌，增加优质绿色农产品供给。

《农业农村部关于落实党中央、国务院 2020 年农业农村重点工作部署的实施意见》
（农发〔2020〕1 号，2020 年 2 月 12 日）

文件提出，制修订 1 000 项质量安全标准，加强绿色食品、有机农产品、地理标志农产品认证和管理，推动出台发展地理标志农产品的指导意见。

农业农村部办公厅《2020 年农产品质量安全工作要点》
（2020 年 2 月 13 日）

文件提出，开展对标达标提质行动。对标国际先进水平，开展重点领域标准比对分析。探索建立针对生产经营主体、农业技术推广和科研人员的安全用药强制性培训制度，宣贯禁限用农药、兽药品种和安全用药间隔期、休药期规定。开展标准进村入户活动，推动新型经营主体按标生产，培育企业标准"领跑者"。通过部地共建，联合打造一批创标、制标、用标、达标的示范典型。稳步推进绿色食品、有机农产品、地理标志农产品和良好农业规范认证推介。

要点提出，深入实施地理标志农产品保护工程。推动出台发展地理标志农产品的指导意见，支持 200 个地理标志农产品培育发展，建立健全"省级统筹、县级实施、部门督导"的实施机制。突出"一标一品一产业",加强生产基地和原生态品种繁育基地建设。围绕独特品质保持,优化生产技术规程。加强品牌建设和特色文化传承,打造一批地理标志农产品推动乡村产业振兴、脱贫攻坚的样板。

二、全国绿色有机地标农产品发展概况

2020 年,中国绿色食品发展中心贯彻落实新发展理念,围绕农业农村部"保供给、攻脱贫、促振兴"中心任务,统筹抓好新冠肺炎疫情防控和事业发展,绿色食品、有机食品和农产品地理标志保持了稳步健康发展,为助力脱贫攻坚圆满收官、推进质量兴农和乡村振兴等发挥了积极作用。

(一) 总量规模

截至 2020 年底,全国绿色食品、有机食品、农产品地理标志获证单位总数 23 639 家,产品总数 50 295 个,同比分别增长 18.5%、15.6%。

2019—2020 年有效获证单位总数与产品数

类　别	统计指标	2019 年	2020 年	增速（%）
绿色食品	获证单位	15 984 家	19 321 家	20.9
	获证产品	36 345 个	42 739 个	17.6
有机食品	获证单位	1 184 家	1 228 家	3.7
	获证产品	4 381 个	4 466 个	1.9
农产品地理标志	获证单位	2 778 家	3 090 家	11.2
	获证产品	2 778 个	3 090 个	11.2
总计	获证单位	19 946 家	23 639 家	18.5
	获证产品	43 504 个	50 295 个	15.6

(二) 分品结构

在 2020 年的绿色食品、有机食品、农产品地理标志获证单位中,绿色食品有 19 321 家,占 81.7%;有机食品有 1 228 家,占 5.2%,农产品地理标志有 3 090 家,占 13.1%。在获证产品中,绿色食品有 42 739 个,占 85.0%;有机食品有 4 466 个,占 8.9%，农产品地理标志有 3 090 个，占 6.1%。

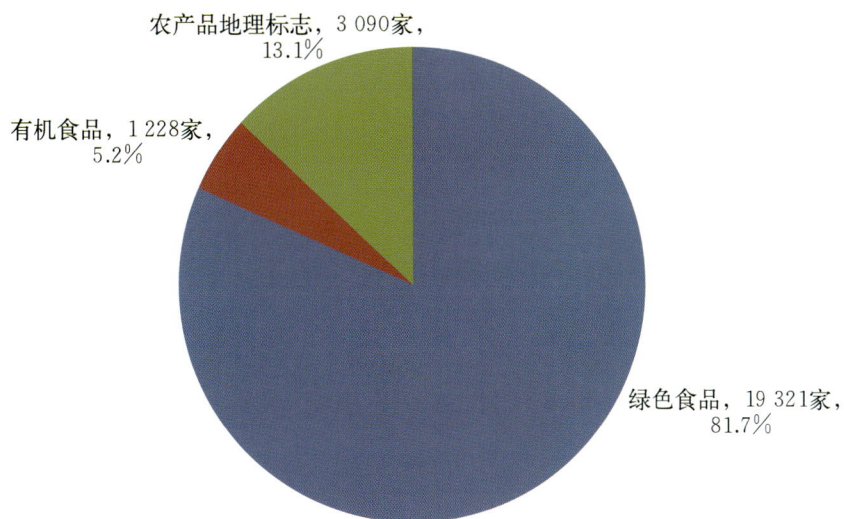

农产品地理标志，3 090家，
13.1%

有机食品，1 228家，
5.2%

绿色食品，19 321家，
81.7%

获证单位结构

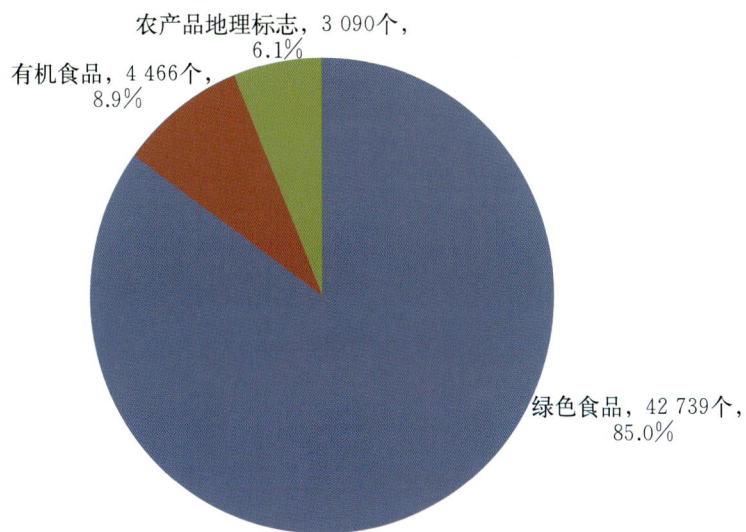

农产品地理标志，3 090个，
6.1%

有机食品，4 466个，
8.9%

绿色食品，42 739个，
85.0%

获证产品结构

（三）基地建设

截至 2020 年底，全国绿色食品原料标准化生产基地创建单位 516 个，原料基地
742 个，涉及水稻、玉米、大豆、小麦等百余种地区优势农产品和特色产品，总面积
超过 1.7 亿亩*，近 2 247 万农户参与基地建设。有机农产品基地 66 个，涉及茶叶、

---

* 亩为非法定计量单位，1 亩≈667 平方米。

水果、蔬菜、稻米、畜产品、水产品等，其中，农作物种植面积及水产养殖面积258万亩，草场面积5 371万亩。

（四）品牌效应

2020年，绿色食品国内销售额达5 075.65亿元，同比增长8.99%，出口额为36.78亿美元，同比下降10.97%。绿色食品产地环境监测的农田、果园、茶园、草原、林地、水域面积为1.56亿亩。

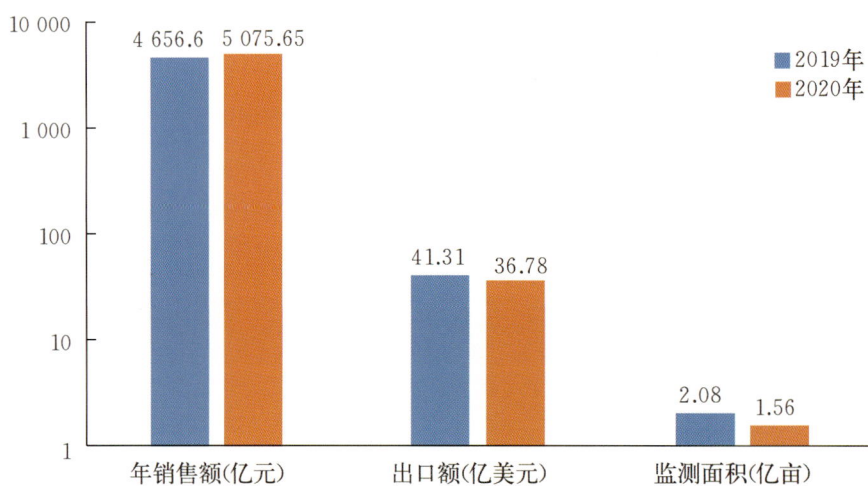

2019—2020年绿色食品效益

（五）区域发展

1. 东部地区　2020年，北京、天津、河北、上海、江苏、浙江、福建、山东、广东、海南10个东部地区省份绿色食品、有机食品、农产品地理标志获证单位7 871家，产品15 777个，分别占总数的33.3%和31.4%。

2. 中部地区　2020年，山西、安徽、江西、河南、湖北、湖南6个中部地区省份绿色食品、有机食品、农产品地理标志获证单位6 673家，产品13 094个，分别占总数的28.2%和26.0%。

3. 西部地区　2020年，内蒙古、广西、重庆、四川、贵州、云南、西藏、陕西、甘肃、青海、宁夏、新疆12个西部地区省份绿色食品、有机食品、农产品地理标志获证单位6 385家，产品14 387个，分别占总数的27.0%和28.6%。

4. 东北地区　2020 年，辽宁、吉林、黑龙江 3 个东北地区省份绿色食品、有机食品、农产品地理标志获证单位 2 588 家，产品 6 557 个，分别占总数的 11.0% 和 13.0%。

5. 境外地区　2020 年，境外地区绿色食品、有机食品获证单位 122 家，产品 480 个，分别占总数的 0.5% 和 1.0%。

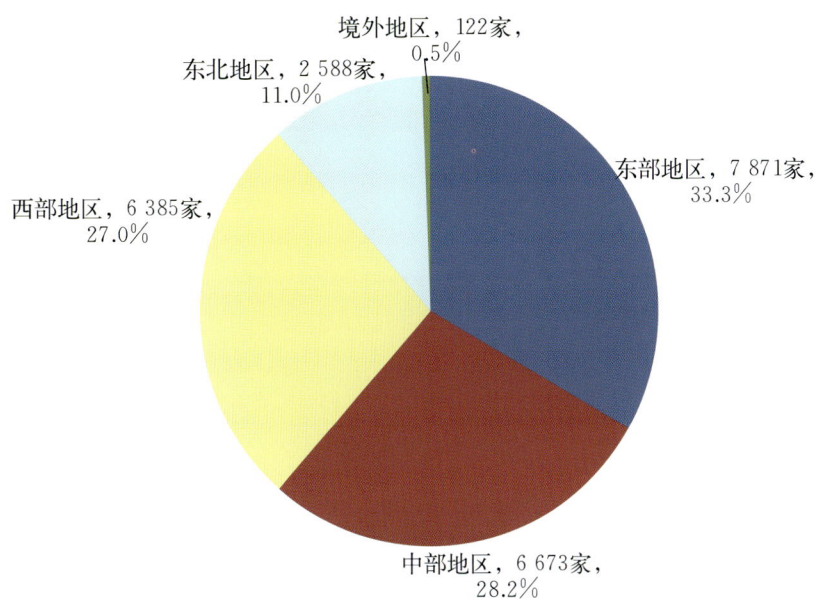

绿色食品、有机食品、农产品地理标志获证单位区域结构

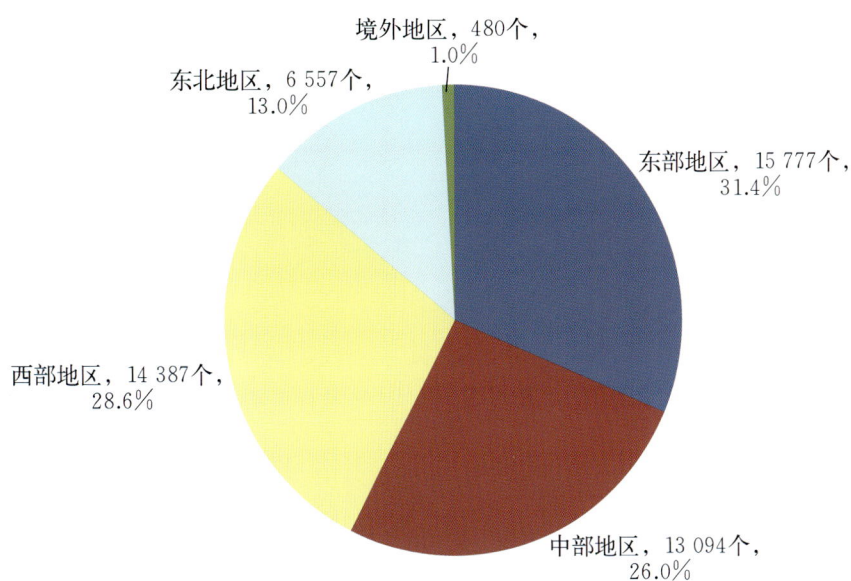

绿色食品、有机食品、农产品地理标志获证产品区域结构

三、重大活动

5月29日 "春风万里 绿食有你"绿色食品宣传月启动仪式暨贫困地区产销对接活动在北京新浪微博直播间举行。本次活动由中国绿色食品发展中心主办，中国优质农产品开发服务协会、中国绿色食品协会、全国农产品产销对接公益服务联盟承办。中国绿色食品发展中心陈兆云副主任出席启动仪式并致辞，来自湖北省来凤县、河北省张北县等11个贫困地区多位县长在线代言本地绿色优质农产品，参与直播互动的粉丝达300余万人次。

绿色食品宣传月启动仪式暨贫困地区产销对接活动

9月7日 9月7日，中国绿色食品发展中心组织召开了"绿色食品生态环境效应、经济效益和社会效应评价"课题评审验收会。2019年3月，中国绿色食品发展中心组织立项"绿色食品生态环境效应、经济效益和社会效应评价"重大课题，中国工程院院士、中国农业大学教授张福锁领衔的团队承担课题研究工作。验收会上，张福锁院士就课题研究总体情况及绿色食品生态环境效应作了报告，课题组其他成员分别就绿色食品经济效益、品牌效应和社会效应的研究成果作了报告。以李培武院士等组成的专家组经质询、讨论，认为课题研究技术路线科学、数据翔实、结果可信，一致通过验收。

课题研究结果显示，绿色食品事业经过 30 年的发展，取得了令人瞩目的成效。

在生态环境效应方面：绿色食品生产模式减肥减药成效显著，作物产量呈现"三增一减"效应。绿色食品生产模式下，化学氮肥投入量减少 39%、化学磷肥投入量减少 22%、化学钾肥投入量减少 8%；农药使用强度降低 60%。与常规种植模式相比，绿色食品生产模式作物产量平均提高 11%，其中，粮食、蔬菜及经济作物单产分别增加 12%、32%、13%，水果单产降低 17%。绿色食品生产模式有效提高耕地质量、促进土壤健康。土壤有机质、全氮、有效磷和速效钾含量分别提高 17.6%、14.1%、38.5% 和 27.1%。

在经济效益和品牌效应方面：绿色食品产业积极推动经济发展，促进农民增收。绿色食品企业和产品市场竞争力显著提高，企业年产值增加 50.3%，农户收入增加 43%。绿色食品品牌已成为形象良好的发达品牌。绿色食品标识知晓率达到 73.5%，绿色食品总体购买率达到 58.9%，75% 以上的消费者认为绿色食品品牌具有美誉度。

在社会效应方面：绿色食品事业的发展产生了广泛而深远的社会效应。绿色食品在制度效应、模式效应、技术效应、健康安全效应，示范引领效应等方面成效显著。

课题验收评审会

9月14日 9月14日，中国与欧盟正式签署《中华人民共和国政府与欧洲联盟地理标志保护与合作协定》（以下简称《合作协定》）。该协定谈判于2011年启动，2019年底结束，历经8年共22轮正式谈判和多轮非正式磋商，农业农村部自始至终参与谈判。有关部门推荐的潜江龙虾、眉县猕猴桃等35个地理标志农产品纳入协定附录首批互认名录，《合作协定》生效后，这些产品将受到欧盟地理标志法律保护。此外，北京鸭、三亚杧果等54个地理标志农产品将于《合作协定》生效后4年内完成相关保护程序。《合作协定》的签署，既有利于促进我国优秀的地理标志农产品进入欧盟市场，同时也有利于我国消费者获得更多来自欧洲的特色产品，满足美好生活的需要。

11月6—8日 第二十一届中国绿色食品博览会暨第十四届中国国际有机食品博览会于11月6—8日在厦门国际会展中心成功举办。博览会由中国绿色食品发展中心、中国绿色食品协会和福建省农业农村厅共同主办。全国政协委员、农业农村部原党组成员宋建朝，原农业部党组成员、中国农产品市场协会会长张玉香，中国农业大学教授、中国工程院院士张福锁，农业农村部农产品质量安全监管司副司长方晓华和福建省农业农村厅厅长黄华康等领导参观指导各展区并出席有关活动。

本届博览会展览面积共23 500平方米。其中，绿色食品博览会展览面积17 000平方米，共有来自全国36个展团的2 100多家企业的绿色食品、农产品地理标志产品、绿色生资产品、地方特色优质农产品、加工食品参展；有机食品博览会展览面积6 500平方米，共有来自各省（自治区、直辖市）的25个展团的393家企业参展。因新冠肺炎疫情影响，境外展商虽无法亲临现场，但仍有德国、丹麦、法国、澳大利亚等国家的17家有机食品企业通过邮寄产品和宣传材料的方式前来参展。

为支持贫困地区优质农产品产销对接，组委会为贵州、湖北、湖南、河北、新疆、青海、西藏等省份的贫困地区参展企业免费提供15个展位，并组织举办了贫困地区专场系列推介会。"三区三州"、深度贫困地区、农业农村部定点扶贫县和中国绿色食品发展中心定点帮扶贫困县等500多个贫困县带来1 700多个扶贫产品参展，实现总交易及意向合作金额1.5亿元。

本届博览会还邀请盒马（中国）有限公司、京东商城、本来生活网等境内900多家农产品专业采购商前来进行产销对接和业务洽谈。据不完全统计，博览会实现订单交易额及意向合作金额37亿元，签订经贸与技术投资合作项目626个；有机食品博览会实现订单交易额及达成意向金额 5.4 亿元，签订经贸与技术投资合作项目163 个。

博览会期间，农民日报社、中国农村杂志社、新浪网、新华网、中国农业信息网、福建电视台、福建日报、海峡导报等 40 多家媒体及时播报了有关新闻。福建省、厦门市和各地积极组织本地媒体，加大新闻报道力度，多种形式对绿色食品进行全方位的宣传报道，进一步扩散、放大了博览会的影响。本次博览会首次启用"线上直播"平台，实现"线下＋线上"立体联动展播。东南卫视在展会进行线上直播，约有 100 多万人通过网络直播间观看了本次展会。

本次博览会是我国绿色食品、有机农产品发展成果展示的大窗口、产销对接的大平台、合作交流的大盛会，在做好疫情防控的同时，更好地适应和满足了新时代广大消费者对绿色化、优质化、特色化、品牌化农产品需求的不断增长，在展示农业生产成就、促进农产品贸易、推动农业绿色发展等方面发挥重要作用，更为我国农业绿色发展、脱贫攻坚注入了新的活力。

11 月 6 日　为隆重纪念绿色食品事业创立 30 周年，第二十一届绿色食品博览会期间，中国绿色食品发展中心在厦门举办"发展绿色食品　助力乡村振兴"研讨会。全国政协委员、农业农村部原党组成员宋建朝，原农业部党组成员、中国农产品市场协会会长张玉香出席研讨会并讲话，农业农村部农产品质量安全监管司方晓华副司长、福建省农业农村厅黄华康厅长分别致辞，中国绿色食品发展中心张华荣主任做了主旨报告，中国农业大学教授、中国工程院院士张福锁发布了绿色食品生态效益、经济效益和社会效益重大课题研究成果。会上还为绿色食品事业的开创者刘连馥主任颁发了"绿色食品终身成就奖"奖牌。

与会专家一致认为，30 年来，绿色食品事业秉承生态环保、安全优质的理念，坚持推进绿色生产，积极引领绿色消费，成功打造出了一批安全优质、美誉度高的精品农产品，开辟了绿色优质农产品供给的重要渠道，为助推农业高质量发展、提高城乡人民生活水平作出了重要贡献。

一是创建了一套特色鲜明的制度体系，促进农产品质量安全水平提升。绿色食品按照"从土地到餐桌"全程质量控制的技术路线，创建了一套符合国情农情、与国际先进水平接轨、科学完整的标准体系。建立了"以技术标准为基础、质量认证为形

"发展绿色食品　助力乡村振兴"研讨会

式、商标管理为手段"的运行模式，开启我国证明商标管理的先例，开创我国农产品质量安全认证的先河。推行了"环境有监测、生产有规程、产品有检验、包装有标识、证后有监管"的标准化生产模式，示范带动了我国农业标准化生产，提高了农产品质量安全保障能力，树立了人民群众对农产品质量安全的信心，提振了农产品消费的信心。

二是探索了一个农业绿色发展的成功模式，推动农业可持续发展。绿色食品是我国生态文明建设的重要成果。绿色食品强调"出自优良生态环境"，注重构建综合平衡的自然生态系统，建立严格的环境监测和保护制度。实施产地清洁化、投入品减量化、生产标准化、废弃物资源化的绿色生产方式，有效控制了"大肥大药大水"对生态环境和产品质量的影响。坚持走生态产业化、产业生态化的发展道路，实现了保护环境与发展经济、维护生态安全与保障食品安全的良性互动，推动"绿水青山"转化为"金山银山"。

三是打造了一块安全优质农产品精品品牌，增强农产品市场竞争力。绿色食品以先进的标准、优良的品质、过硬的质量、统一的形象，赢得了消费者的认可和信赖，品牌的知名度和美誉度不断提高，影响力和竞争力不断增强。大中城市消费者对绿色食品的知晓率超过 73%，一些国外知名企业还积极申报我国的绿色食品。通过发展绿色食品，农业企业品牌、产品品牌的"含金量"明显提升。目前，我国形成了绿色食品、有机食品和农产品地理标志各具特色、协调发展的品牌建设新格局，显著增强了农产品的市场竞争能力。

四是培育了一项蓬勃发展的新兴产业，带动农民增收致富。绿色食品坚持标准化、品牌化、产业化融合发展，推行"以品牌为纽带、基地建设为依托、龙头企业为主体、农户参与为基础"的产业化模式，强化企业与农户利益联结机制，让广大农民朋友分享品牌增值的红利，带动了农民增收致富。在脱贫攻坚战中，贫困地区的 4 000 多家企业、上万个农产品贴上绿色食品标志，走出深山，走向市场，闯出了一条产业扶贫的成功之路。

农业农村部有关单位、部分省（自治区、直辖市）农业农村行政主管部门、全国绿色食品省级工作机构、部分绿色食品定点检测机构负责同志以及绿色食品生产经营企业代表参加了研讨会。

11 月 27—30 日 11 月 27—30 日，第十八届中国国际农产品交易会期间，中国绿色食品发展中心成功举办农产品地理标志专展。本届农产品地理标志专展展区面积近 5 000 平方米，创历史新高。共设立 309 个标准展位，33 个省级展团 502 个农产品地理标志集中展示，其中绿色食品产品 434 个、有机农产品 155 个，"地标＋绿色"和"地标＋有机"比例分别达到 86% 和 31%。对近两年地理标志保护工程支持的 266 个产品进行集中展示，均是各地影响力大和质量特色明显的产品。首批中欧地理标志互认产品、全国品牌价值评价上榜产品均有参展。同时，百色杧果、扎赉特大米、张北马铃薯等一批来自贫困地区的地理标志农产品集中亮相，展示了农产品地理标志在促进产业扶贫上的积极成效。据统计，展会期间达成合作意向 4 亿多元，现场签约 3 000 多万元，线上销售 1 000 多万元。

专展期间，成功举办了第六届全国农产品地理标志品牌推介会。农业农村部副部长于康震出席了推介会并讲话。推介会上，来自全国各地的 8 位市长、县长现场推介了当地地理标志农产品精品，10 家单位获颁了农产品地理标志证书。第三方机构发布了花椒和木耳类地理标志农产品评价结果，播放了《源味中国》第二季宣传片花。以

第十八届中国国际农产品交易会农产品地理标志专展

"第六届全国农产品地理标志品牌推介会在重庆举办"为题的宣传报道在农业农村部网站发布后，中华人民共和国中央人民政府网站进行了转载。农民日报社对推介会进行了现场图文直播。央视财经频道对推介会进行了报道。此外，农村杂志社、央视农业影视频道、《农产品质量与安全》期刊、新华网、腾讯网、新浪网、网易、搜狐网、今日头条、重庆电视台等对推介会进行了报道或转载。

第二篇

绿色食品

重庆二圣镇全国绿色食品（茶）一二三产业融合发展园区

2020 绿色食品发展报告

第二篇 绿色食品

一、产品发展

（一）制度建设

1. 修订《绿色食品专家评审工作规范》　为适应绿色食品高质量发展的需求，充分发挥专家的专业优势，进一步提升评审工作的质量和效率，中国绿色食品发展中心修订了《绿色食品专家评审工作规范》，将以往的大组评审调整为专业小组评审，对专家评审要点重新进行了梳理，对评审范围进行了优化，同时为今后对接信息化审核系统，增加了线上评审方式。

2. 制定《绿色食品评审专家库管理办法》　为充分发挥专家技术支撑作用，强化评审专家库组织管理，中国绿色食品发展中心制定了《绿色食品评审专家库管理办法》，并对原评审专家库进行了扩充完善。经个人申请、单位推荐，共遴选 158 名专家入库，进一步壮大了专家队伍、规范了专家管理。

（二）创新工作方式

1. 线上部署工作　面对新冠肺炎疫情，中国绿色食品发展中心强化与各省级工作机构的沟通协调，2020 年 4 月 28—29 日组织省级工作机构 200 余人参加绿色食品标志许可审查重点工作推进会线上视频会，与 36 个省级工作机构负责人就绿色食品标志许可审查工作重点、问题、建议进行了充分交流，对各省审查工作进行统筹和精细化指导管理，为高质量完成绿色食品审核工作提供了有力保障。

2. 线上远程检查　为保证疫情期间企业申报绿色食品工作进程，有效指导和支持企业开展绿色食品生产，对疫情期间急需使用的产品和因生产季节等因素必须在疫情防控期间实施现场检查的产品创设了线上远程检查临时工作措施，并制作视频操作指南，得到各地工作机构肯定，广西、福建、重庆、北京等地的 20 多家企业受益。

（三）现场检查、核查与技能培训

2020 年，中国绿色食品发展中心组织检查员分别对河南、山西、安徽等 10 个省份开展了集中审查指导，与地市 200 余名检查员开展培训交流，并对 16 家绿色食品企业实施了现场检查。对山东、安徽 2 省的 4 家超大生产规模、组织管理模式相对混乱的生产主体进行进一步核实和评估，有效防范质量安全风险。

2020 年，中国绿色食品发展中心完成了对陕西、贵州、河南、上海、河北、江苏 6 个省级工作机构的续展核查和年检督导工作，对各省核查结果进行总结反馈，高质量稳步推进绿色食品续展工作。

（四）综合审查和专家评审

2020 年，中国绿色食品发展中心审查办结初次申报和续展企业共计 8 800 家，产品 17 678 个。其中，初次申报企业 6 170 家，产品 11 480 个；办结当年续展企业 2 630 家，续展产品 6 198 个，企业按期续展率为 60.01%，产品按期续展率为 62.30%。

专家评审是标志许可审查的重要环节，专家团队始终坚持对标习总书记关于食品安全的"四个最严"要求，严格审查评审，严守安全底线，严防质量风险，充分发挥专业技术支撑作用，助力绿色食品事业高质量发展。2020 年，中国绿色食品发展中心

绿色食品专家评审会

共组织召开 14 期专家评审会，累计邀请专家 181 人次，评审综合审查合格企业 6 170 家，产品 11 480 个，同比增长 21.0％和 14.9％。

2020 年 12 月 22 日，中国绿色食品发展中心召开绿色食品专家座谈会，与会专家围绕绿色食品申报材料质量、投入品管控风险、《绿色食品农药使用准则》在生产中应用、提升绿色食品品牌影响力等内容进行了深入的交流与研讨，对推动绿色食品创新发展提出意见建议。张华荣主任在座谈会上做总结发言时指出，专家队伍是绿色食品发展的重要技术支撑力量，要与专家建立更加紧密的联系，做好服务工作，充分依托专家队伍，更好地发挥专家在绿色食品标准体系建设、技术指导、质量把关等方面的积极作用，共同推动绿色食品事业高质量发展。

（五）获证企业与产品

2020 年，绿色食品颁证单位 8 075 家，产品 16 863 个，同比分别增长 16.2％和 14.7％。2020 年，全国绿色食品有效用标单位共 19 321 家，产品共 42 739 个，同比分别增长 20.9％和 17.6％。

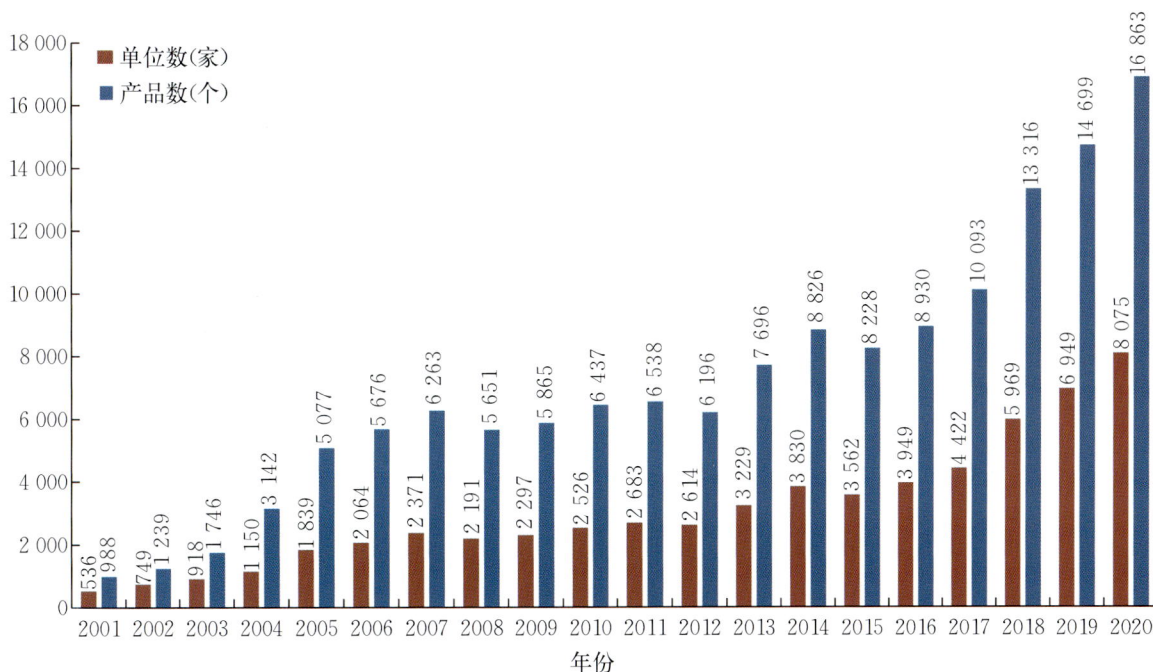

2001—2020 年全国当年绿色食品颁证单位数与产品数

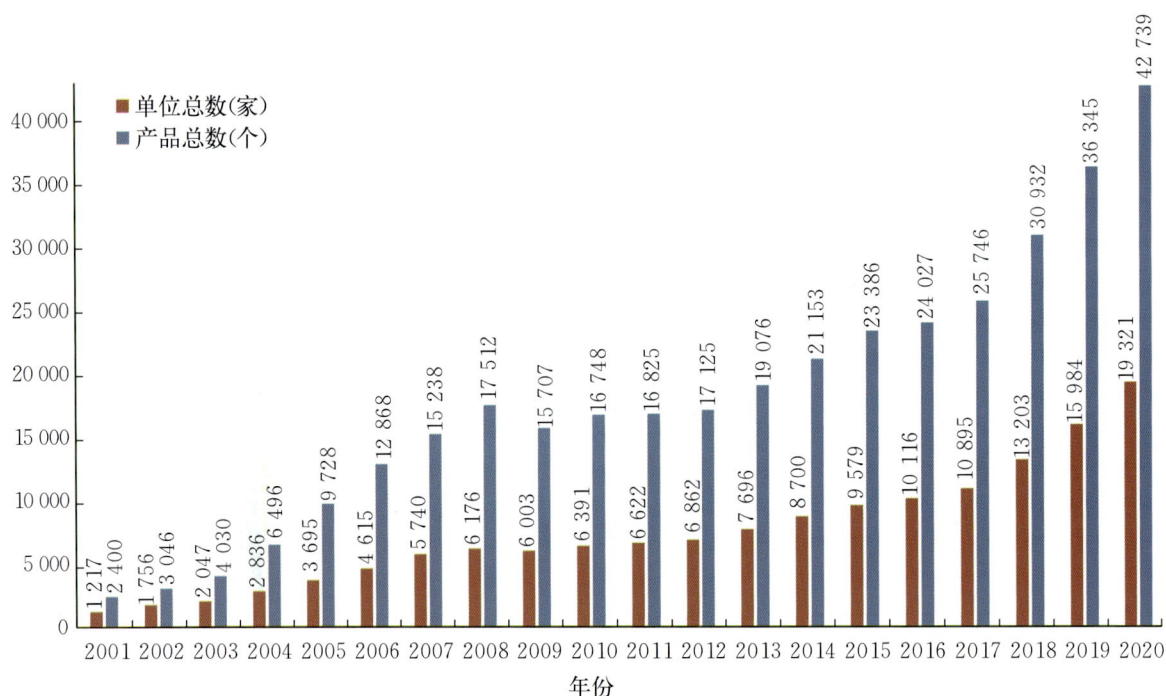

2001—2020 年全国绿色食品有效用标单位总数与产品总数

（六）获证产品结构

1. 产品类别结构　2020 年，在绿色食品有效用标产品中，农林产品及其加工产品有 34 313 个，占 80.3%；畜禽类产品有 1 786 个，占 4.2%；水产类产品有 648 个，占 1.5%；饮品类产品有 4 186 个，占 9.8%；其他产品有 1 806 个，占 4.2%。

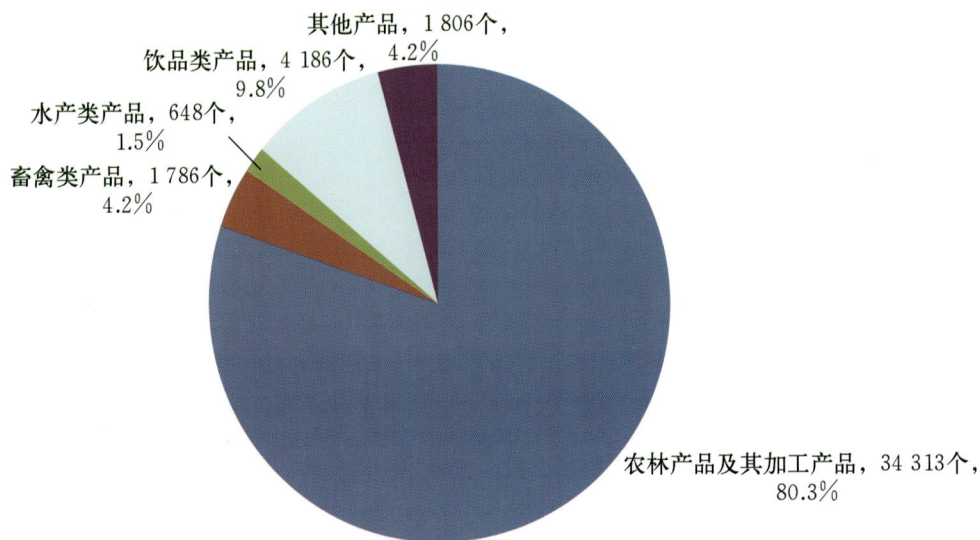

2020 年绿色食品产品类别

2. 产品级别结构 2020年，在绿色食品有效用标产品中，初级产品有26 714个，占62.5%；加工产品有16 025个，占37.5%。在加工产品中，初加工产品有13 499个，占31.6%；深加工产品有2 526个，占5.9%。

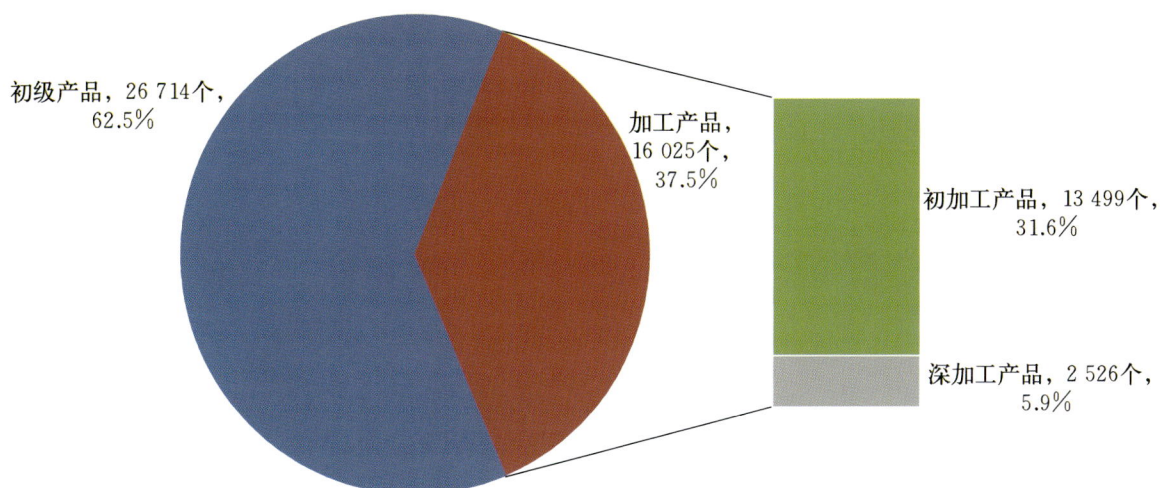

初级产品，26 714个，62.5%

加工产品，16 025个，37.5%

初加工产品，13 499个，31.6%

深加工产品，2 526个，5.9%

2020年绿色食品产品级别结构

（七）区域发展情况

1. 东部地区 2020年，北京、天津、河北、上海、江苏、浙江、福建、山东、广东、海南10个东部地区省份绿色食品有效用标单位6 738家，产品13 964个，分别占全国有效用标单位和产品总数的34.87%和32.67%。

2. 中部地区 2020年，山西、安徽、江西、河南、湖北、湖南6个中部地区省份绿色食品有效用标单位5 646家，产品11 519个，分别占全国有效用标单位和产品总数的29.22%和26.95%。

3. 西部地区 2020年，内蒙古、广西、重庆、四川、贵州、云南、西藏、陕西、甘肃、青海、宁夏、新疆12个西部地区省份绿色食品有效用标单位4 799家，产品12 027个，分别占全国有效用标单位和产品总数的24.84%和28.14%。

4. 东北地区 2020年，辽宁、吉林、黑龙江3个东北地区省份绿色食品有效用标单位2 134家，产品5 224个，分别占全国有效用标单位和产品总数的11.05%和12.23%。

5. 境外地区 2020年，澳大利亚绿色食品有效用标单位4家，产品5个，分别占全国有效用标单位和产品总数的 0.02％和 0.01％。

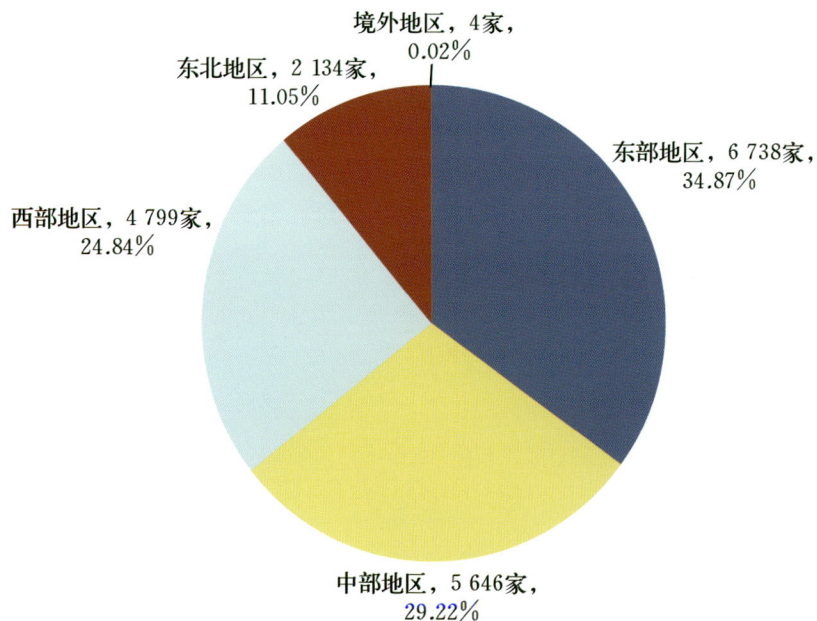

2020 年各区域绿色食品有效用标单位结构

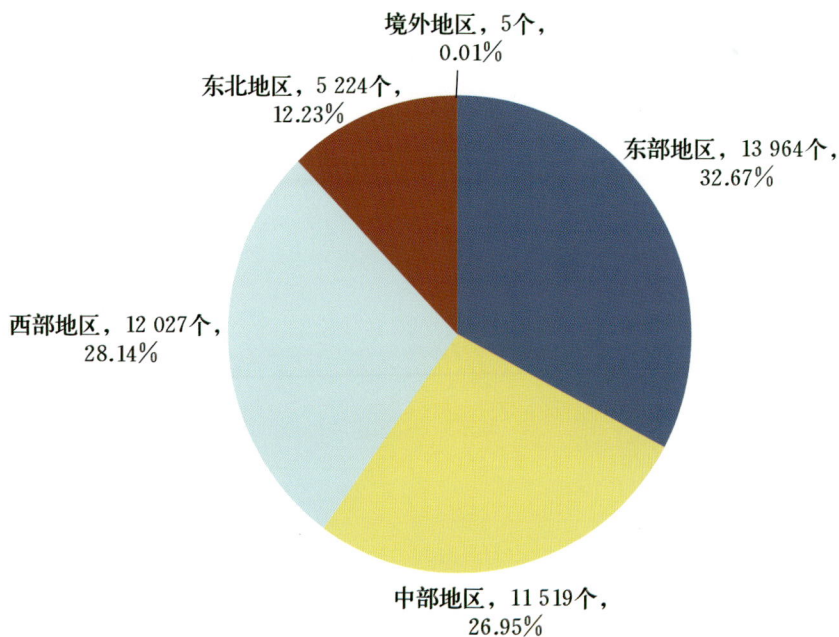

2020 年各区域绿色食品有效用标产品结构

（八）龙头企业发展情况

在 2020 年绿色食品有效用标单位中，农业产业化龙头企业 6 208 家、产品 17 088 个。其中，国家级龙头企业 337 家、产品 1 291 个，省级龙头企业 2 219 家、产品

6 642 个，地市县级龙头企业 3 652 家、产品 9 155 个。

绿色食品各级龙头企业发展情况

项　目	龙头企业合计		国家级龙头企业		省级龙头企业		地市县级龙头企业	
	企业数	产品数	企业数	产品数	企业数	产品数	企业数	产品数
数量	6 208 家	17 088 个	337 家	1 291 个	2 219 家	6 642 个	3 652 家	9 155 个
比重（%）	32.1	39.9	1.7	3.0	11.5	15.5	18.9	21.4

注：比重指各级龙头企业、产品占绿色食品有效用标单位、产品总数的比重。

（九）品牌扶贫开展情况

2020 年是打赢脱贫攻坚战、全面建成小康社会的收官之年。中国绿色食品发展中心深入学习贯彻习近平总书记关于扶贫工作的重要论述和中央脱贫攻坚决策部署，切实提高政治站位，强化责任担当，一手从严从细抓好疫情防控，一手全力以赴做好品牌扶贫，实现了"绿色有机地标农产品"品牌扶贫质量"危中转稳""稳中有升"，为全面打赢脱贫攻坚战发挥了积极作用。

1. 聚焦"三区三州"深度贫困地区产业扶贫，全力打好品牌扶贫"组合拳" 将"三区三州"深度贫困地区作为 2020 年品牌扶贫工作的"重中之重、坚中之坚"，创新方式、多措并举、强力推进。一是进一步简化申报材料、优化申报程序，打通申报审核"堵点"。二是建立 6 个发达省份（北京、上海、江苏、浙江、江西、福建）与"三区三州"深度贫困地区的对接帮扶机制，帮扶单位帮助审核 124 家企业的申报材料，协助开展 80 次现场检查，累计带教检查员 300 余人。三是创新方法，采取"线上与线下"相结合的方式，成功举办 10 期品牌扶贫培训班，为"三区三州"培训绿色食品检查员、监管员和企业内检员共计 825 人。四是建立检查员注册简化与加快上岗的工作制度，6 省贫困地区检查员由之前的 75 人，增加了 346 人，极大缓解了工作队伍不足的短板。

2. 继续实施品牌扶贫特惠政策，着力打造贫困地区特色产业提质增效的"强引擎" 在保证质量的前提下，按照"摘帽不摘政策、摘帽不摘帮扶"的要求，继续对贫困地区（包括已经摘帽的国家级贫困县）采取"优先受理、优先现场检查、优先检测、优先审核、优先颁证""五优先"措施，免收全部绿色食品认证费和标志使用费，减收 35％ 有机农产品认证费，推动"三区三州"深度贫困地区、部定点扶贫地区、大兴安岭南麓片区、环京津贫困地区及其他国家级贫困县"绿色有机地标农产品"加快发展。2020 年，中国绿色食品发展中心累计支持贫困地区 2 797 家企业发展绿色食品、有机农产品 6 319 个，减免费用 5 061.3 万元；截至 2020 年 12 月 10 日，全年共减免收费 4 845.7 万元，比上年同期增长 159.2％，涉及 2 465 家企业 5 202 个产品。支持创建验收 4 个绿色食品原料标准化生产基地。

广西南丹县绿色食品稻谷生产基地

3. 创新品牌宣传和市场推介方式，聚力提升贫困地区农产品的"含金量" 为克服疫情对扶贫宣传、推介带来的影响，创新方式方法，充分利用网络等新媒体，积极宣传、推介贫困地区绿色优质农产品。5 月 29 日，采取线上直播的形式，在北京新浪微博直播间举行"'春风万里 绿食有你'绿色食品宣传月启动仪式暨贫困地区产销对接活动"，邀请贫困县县长在线直播代言；各地组织 165 个贫困县的 375 家绿色食品企业参与推广活动。

第二十一届中国绿色食品博览会期间，中国绿色食品发展中心为贵州、湖北、湖南、河北、新疆、西藏等省份的贫困地区参展企业免费提供展位 15 个，并组织举办了贫困地区专场系列推介会。各展团为"三区三州"和深度贫困地区的 24 个贫困县的绿色食品搭建产销对接平台。展会期间，共有来自"三区三州"、农业农村部定点扶贫县和中国绿色食品发展中心定点帮扶贫困县等 500 多个贫困县带来的 1 700 多个扶贫产品参展，扶贫产品实现交易及意向合作金额 1.5 亿元。

第二十一届中国绿色食品博览会扶贫展区

4. 梳理总结品牌扶贫经验，打造巩固脱贫攻坚成果同乡村振兴有效衔接的"新样板"　为系统总结各地在推进品牌扶贫工作中积累的实践经验，充分展示各地在推进品牌扶贫工作中取得的丰硕成果，大力宣传、推广品牌扶贫的成功模式，中国绿色食品发展中心组织编写了《绿色食品品牌扶贫理论与实践》一书。本书收集了近年来中国绿色食品发展中心及各地在推进绿色食品、有机农产品和农产品地理标志品牌扶贫工作中的实践探索和理论创新，对于进一步巩固品牌扶贫成果、助推产业扶贫与乡村振兴有效衔接，建立解决相对贫困的长效机制，具有一定的借鉴作用和参考价值。

（十）应对新冠疫情的政策措施

1.《中国绿色食品发展中心关于做好当前绿色食品、有机农产品和农产品地理标志工作积极应对疫情的通知》（中绿办〔2020〕14号） 为贯彻落实习近平总书记重要指示精神和党中央、国务院决策部署，积极推动落实农业农村部关于应对新型冠状病毒感染肺炎疫情的部署要求，着力增加绿色优质农产品供给，为保供给、保质量、提信心、坚决打赢疫情防控阻击战发挥积极作用，2020年2月4日，中国绿色食品发展中心发布了《关于做好当前绿色食品、有机农产品和农产品地理标志工作积极应对疫情的通知》，要求全系统切实提高政治站位，增强大局意识和全局观念，凝心聚力、担当作为、履职尽责，在扎实做好当前疫情防控工作的同时，统筹抓好绿色食品、有机农产品和农产品地理标志各项重点工作。一是切实把疫情应对作为当前最重要的工作；二是扎实做好当前疫情防控工作；三是着力增加绿色优质农产品生产和有效供给；四是强化对生产主体业务指导和技术服务；五是加强对疫情高发地区生产主体的支持力度。

2.《中国绿色食品发展中心关于疫情防控期间顺延绿色食品标志使用证书有效期的公告》 为有效应对新型冠状病毒感染肺炎疫情对绿色食品续展工作的影响，2020年2月5日，中国绿色食品发展中心发布《关于疫情防控期间顺延绿色食品标志使用证书有效期的公告》，决定顺延应续展产品的绿色食品标志使用证书有效期至疫情解除后3个月。

3.《中国绿色食品发展中心关于疫情防控期间做好绿色食品申报产品抽样工作的通知》（中绿体〔2020〕15号） 在全国上下全力以赴抗击新型冠状病毒感染的肺炎疫情的形势下，中央要求在加强疫情防控的同时，努力保持生产生活平稳有序，农业农村部对疫情防控期间坚决确保农产品质量安全作出了重要部署。农业生产季节性明显，很多季节性强的蔬菜、水果等生产企业申报绿色食品过程中须及时抽样检测。由于受疫情防控期间交通限制的影响，绿色食品定点检测机构不能及时到企业和生产基地进行产品抽样。为了不影响生产企业的申报进程，2020年2月13日，中国绿色食品发展中心发布《关于疫情防控期间做好绿色食品申报产品抽样工作的通知》。就疫情防控期间季节性农产品绿色食品申报抽样工作进行了适当调整，主要内容包括：一是疫情防控特殊时期，对季节性强的农产品，绿色食品定点检测机构确实无法到绿色食品企业和基地实施抽样时，可委托企业所在地县级或地市级绿色食品工作机构检查员实施抽样；二是承担任务的检测通过远程视频等方式对抽样人员进行培训和技术指导；三是现场抽样时，检查员通过视频方式将基地情况与承检机构沟通，按工作流程完成相关工作；四是疫情解除后，恢复原抽样要求。

4. 《中国绿色食品发展中心关于疫情防控期间实施绿色食品线上远程检查工作的通知》（中绿审〔2020〕17 号）　为贯彻国务院《关于切实加强疫情科学防控　有序做好企业复工复产工作的通知》，进一步落实《农业农村部办公厅关于疫情防控期间坚决确保农产品质量安全的通知》要求，保证疫情期间企业申报绿色食品工作进程，有效指导和支持企业开展绿色食品生产，切实保障和增加绿色优质农产品供给，2020 年 2 月 20 日，中国绿色食品发展中心发布《关于疫情防控期间实施绿色食品线上远程检查工作的通知》，决定疫情期间调整绿色食品现场检查工作，实施线上远程检查。文件规定：一是线上远程检查应由省级工作机构统一组织实施；二是线上远程检查由绿色食品检查员组织，采用电话、邮件、音视频等线上方式发出指令，绿色食品企业内检员、企业生产负责人等相关人员配合，对生产环境、生产过程、生产资料、产品仓储等环节通过拍照、录制视频等方式实施远程检查；三是疫情解除后省级工作机构应对实施线上远程检查的企业统一进行补充检查，对绿色食品生产的有效性进行确认，完成现场检查报告。

5. 对新冠肺炎疫情最严重的湖北省实行费用减免　根据《中国绿色食品发展中心关于做好当前绿色食品、有机食品和农产品地理标志工作积极应对疫情的通知》文件精神，中国绿色食品发展中心决定对疫情最严重的湖北省实施特殊政策，尽量减少新冠肺炎疫情对生产主体造成的冲击和影响，支持企业尽快复工复产，决定对湖北省绿色食品企业（基地）全部免收 2020 年新申报、续展产品的审核费和当年产品标志使用费，核减时间期限：自 2020 年 1 月 1 日至 2020 年 12 月 31 日。截至 2020 年 12 月底，全年共减免湖北省绿色食品审核费及标志使用费 529.26 万元，涉及 288 家企业和 770 个产品。

二、基地建设

（一）全国绿色食品原料标准化生产基地

2020 年，基地建设与管理工作面临大疫之年影响，中国绿色食品发展中心积极应对，研究促进发展措施，创新工作方法，认真落实好 2020 年基地"保质量、稳存量、促增量"的工作任务，全力推进基地实现平稳健康发展。截至 2020 年 12 月底，全国已有 29 个省（自治区、直辖市）共建成 742 个绿色食品原料标准化生产基地，包括粮食、油料、糖料、蔬菜、水果、茶叶等主要农产品和百余种区域特色农产品，基地面积达到 1.71 亿亩，总产量超过 1 亿吨。涉及水稻、玉米、大豆、小麦等百余种地区优势农产品和特色产品，共带动 2 300 多万农户发展。

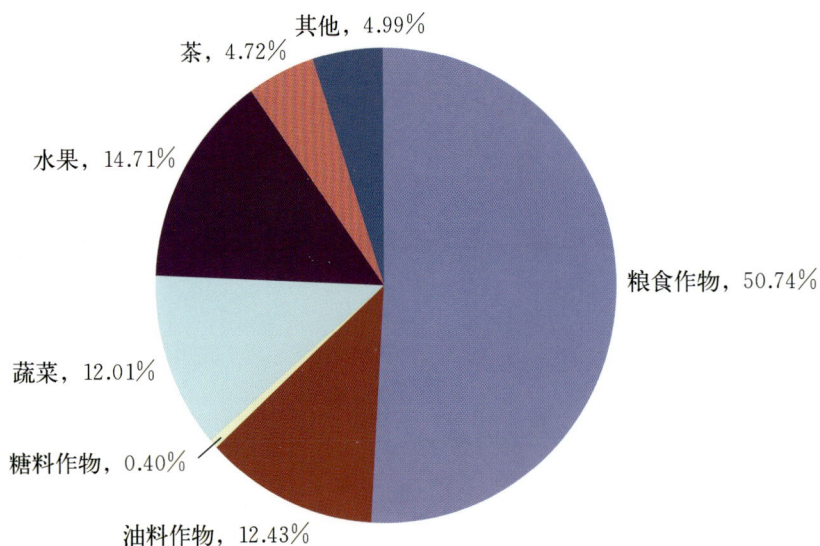

全国绿色食品原料标准化生产基地主要作物结构

1. 抓工作措施重点，推动基地建设与管理　在工作措施上，重点分类有"抓手"。一抓服务，主动为绿色食品办公室和基地服务，把绿色食品办公室的积极性调动起来，上下齐抓共管。二抓队伍，聘请地方绿色食品办公室业务骨干参加材料会审和基地验收，形成"会审＋轮训＋交流＋提高"的工作模式，既提高了审核效率，又锻炼了基地工作的骨干队伍。三抓续报，针对材料上报不及时问题，积极主动加强沟通服务。四是抓重点区域，贫困县优先审核检查，发展较大的地区，集中骨干现场指导。

五是抓审核，严格文件审核，通过调动绿色食品办公室力量开展集中审核与日常工作审核相结合，主动为绿色食品办公室解难题。

通过实行"五抓"，2020年，中国绿色食品发展中心共受理审核绿色食品基地创建、验收、续报申请材料297份，年检材料721份。申报材料和年检材料审核量同比增加了32.6%和7%。

2. 决战脱贫攻坚，强化贫困县基地发展　2020年，中国绿色食品发展中心持续加大力度扶持贫困地区开展基地建设。一是实施"五优先"政策，优先发展贫困县的绿色食品原料标准化生产基地，重点推进"三区三州"的基地建设。在疫情期间，采用电话、微信、QQ等方式，多次对云南省拟创建的贫困县基地予以建设指导。重点安排对西藏、山西、湖南、河南、陕西等地贫困县基地进行实地验收，并进行管理指导。二是在坚持不降低技术标准的前提下简化申报材料和申报程序。三是按照832个国家级贫困县名单，重新对贫困县基地数据进行了统计汇总，形成较为完整准确的贫困县原料标准化生产基地发展情况和统计信息。

2020年，中国绿色食品发展中心在贫困县建成绿色食品原料标准化生产基地15

西藏山南市乃东区全国绿色食品原料（青稞）标准化生产基地

个。截至 2020 年底，累计在贫困县建设绿色食品原料标准化生产基地 190 个，超额完成在贫困县建设 165 个绿色食品原料标准化生产基地的目标任务。

3. 多省政策层出不穷，支持强化基地建设高质量发展 很多省份的基地建设工作转向强化高质量发展。黑龙江省启动了"绿色食品基地管理提升行动"，设立了专门的基地管理机构，强化了"省统筹、市监督、县管理、乡负责"的四级管理职能，制订了《农企对接高效示范基地实施方案》等多项政策，着力打造一批高质量发展的示范基地。安徽、青海、浙江、江西、河南、吉林等省份大力推进绿色发展，强化品牌建设，把基地高质量建设作为推进发展的重要内容，进一步加大基地发展与管理力度。

4. 总结交流原料基地建设管理经验，献礼绿色食品事业创立 30 周年 为总结交流绿色食品原料标准化生产基地建设的宝贵经验和成功模式，抓好基地典型示范，进一步推动基地建设高质量发展，同时为了展示绿色食品事业创立 30 周年发展成果，中国绿色食品发展中心组织编写出版了论文集《绿色食品原料标准化生产基地建设理论与实践》。其间共收集整理了 101 位作者撰写的 80 余篇论文和 1 500 余幅相关图片，最终选用 48 篇文章、168 张图片汇编成册。论文集集中反映了绿色食品原料标准化生产基地建设的理论研究与实践探索的最新成果，具有较强的理论性、指导性和实用性，可为广大绿色食品原料标准化生产基地的建设者、管理者、生产者和专家学者提供有益参考。

地方典型 1

山西省大同市云州区"一支小黄花带动大产业"

山西省大同市云州区委区政府自 2011 年起确定了黄花菜为"一县一业"的主导产业，10 年来，当地政府财政用于黄花菜产业补贴资金超过 2 亿元。形成了 1 个 2 万亩、8 个万亩片区，培育了 25 家龙头企业，打造了 6 个国家级品牌，仅此一项农民人均增收 5 000 元。带动贫困户种植黄花菜 3.8 万亩，达到了除社保兜底外 12 194 户 29 722 名贫困人口中人均 1 亩黄花菜的目标。依托农业院校技术专家的引入、院士工作站的建立，提升了绿色食品黄花菜种植、绿色综合防治技术的含金量，专家技术团队、技术服务体系队伍不断充实壮大。

　　申请创建 3.5 万亩全国绿色食品原标准化生产基地以来，当地积极探索建立以区政府公信力倡导、产业化对接企业拉动、种植生产农户保障性加入的三方利益联结机制，不断提高黄花菜产业化经营水平。在产业化经营体系建设中，主要围绕全产业链建设，黄花菜加工企业在产品加工、仓储、销售等环节都有了大幅提升。通过本土的云萱公司、大同三利公司、火山粮源公司、宜民公司等发展黄花菜冰鲜、冻干、烘干等加工产品，通过强化基础设施建设打造黄花菜种植风景区，利用名人效应广泛宣传和倡导消费扶贫，带动了乡村旅游业的飞速发展。3.5 万亩绿色食品原料标准化生产基地有 5 万多名工人参与采摘，为本区及周边地区的贫困人口务工增收 300 多万元。绿色食品企业与基地原料的对接率达 46.7％。对接企业采取保护价收购原料黄花菜，通过市场端的拉动作用，提高基地农户的生产积极性，通过促进基地产品的消化速率，实现当地农户增收水平进一步提升，在这个过程中实行公司合同采购和农户产地证明制度相结合，有效使企业与农户双方的利益均得到保障。

山西大同云州区全国绿色食品原料（黄花菜）标准化生产基地

地方典型 2

以建设绿色食品原料标准化生产基地为契机，打造陕西省苹果产业"北扩西进"的核心区

陕西省延安市宝塔区，现有果业总面积 51.8 万亩，其中 95.8% 的面积用于栽植苹果。当地政府牵头统筹推进原料标准化生产基地建设，突出重点、因地制宜确定建设任务。

在规范标准化生产方面，宝塔区先后出台了《绿色食品基地管理办法》，成立了区级农产品质量安全领导小组，经营户同执法大队分别签订了《农资供应质量承诺书》，既提高了苹果园区的管理水平，也确保了基地建设的可持续性。各乡镇，通过落实果实套袋、追施有机肥、绿色防控等管理措施不断提高标准化管理水平；通过严把绿色农药、肥料源头关，狠抓果园秸秆覆盖、沃土工程，统筹病虫绿色防治技术，从源头规范苹果绿色生产措施；通过制定田间生产管理制度，落实试验田绿色生产，完善绿色防控体系，建成了科技含量高、经济效益好、辐射带动 20 万亩的标准化示范园。

在开展技术服务方面，宝塔区政府充分利用电视、专家讲课和高素质农民培训，组织果业技术人员 100 余名，以进村入园举办现场培训会为抓手，每个村确定一名技术人员，进村入户对口帮扶普及绿色食品生产技术，其中新建园 7 项栽植技术、幼园 7 项实用技术、挂果园 7 项关键技术、坑施肥水、豆菜轮茬、秸秆覆盖、烟熏防冻等 21 项实用技术和防灾、减灾措施均通过实际生产总结而出，有效而实用。编制绿色食品生产操作规程、技术资料 1 400 余份印刷分发到各乡镇、村组和企业；基地单元对接企业建立了农户档案，统一制发了田间生产管理记手册 10 多万份，实现一户一册。

在技术创新研发方面，与山仑院士工作站密切合作，围绕生态果园发展需求，以区域主导产业生态服务功能提升和生产提质增效为目标，着力增强产业科技含量，进行退化人工林改造、山地苹果旱作节水和灌溉节水、果园间作经济作物绿肥还田、废弃枝条培育食用菌、菌草种植和种苗越冬技术试验示范，总结集成提出的山地苹果园雨水集聚深层入渗技术和果园覆盖油菜绿肥还田技术，取得阶段性研究

成果；与西北农林科技大学合作，开展山地苹果旱作节水技术研究，建立了 500 亩试验示范基地；建立了山地苹果矮化栽培水肥一体化技术示范区 400 余亩；山地苹果园覆盖机械化和轻简化油菜还田技术示范区 600 亩；雨水集聚深层入渗技术推广 15 000 亩，果园经济产值同比增加 15％～30％，实现了生态与经济协同发展。宝塔区苹果产业已成为全区乃至陕西省苹果产业增效、农民增收的核心区。

（二）全国有机农产品基地及全国绿色食品（有机农业）一二三产业融合发展园区

1. 有机农产品基地建设工作　在总结上一年度有机农产品基地建设经验的基础上，中国绿色食品发展中心充分发挥体系优势，2020 年继续大力推进贫困地区全国有机农产品基地建设。为精准确定建设指标，详细核对各省规模化的有机认证情况，继续细化各省建设任务计划表，对表督查督办，有机农产品基地建设成效显著。截至 2020 年底，累计建成 66 个有机农产品基地，其中贫困县的有机基地为 50 个。

为总结有机农产品基地工作的阶段性成效，2020 年 11 月，中国绿色食品发展中心在全国 16 个省份开展了"有机农产品基地扶贫成效总结工作"调研，总结调研内容包括：有机农产品基地带动贫困户数、促进贫困户增收情况；基地创建主体当地政府对基地政策、资金投入情况；基地带动当地企业市场品牌效益提升情况；基地带动扶贫的经验总结、特色做法及创新模式等相关情况。总结调研工作取得了良好成效。部分省份有机农产品基地助力脱贫攻坚工作的方式方法值得推荐，为中国绿色食品发展中心的品牌扶贫工作探索了一些新的模式和路径。

青海省先后建设 5 个全国有机农产品（牦牛、藏羊）基地，各县将发展有机畜牧业作为脱贫攻坚第一产业，以着力发展有机畜牧业为基本路径，加快产销一体融合发展步伐，逐步形成"龙头企业＋基地＋合作社＋牧户"产业化经营合作模式，提升牦牛藏羊附加值，实现牧业增效、牧民增收。5 县共带动贫困牧户 11 480 户，户均增收

1 760元/年。

广西壮族自治区西林县有机茶亩产值为3 000～5 500元，是普通茶的3～5倍。有机基地直接带动农户3 000多户，辐射带动农户7 000户，辐射带动农民年人均增收0.45万元，增收效果显著。通过"政府扶持企业、企业带动贫困户"的扶贫政策，县政府对该有机农业示范基地投入120万元，基地直接带动贫困户250户，贫困人口1 096人，通过这一扶贫政策，使这250户贫困户有了稳定的茶业产业分红收入及务工收入，户均年收入增加0.96万元，加快了脱贫步伐，为该县脱贫摘帽作出显著贡献。

河南省新县"全国有机农产品（茶）基地"面积2 050亩，连接企业河南草木人生态茶业有限责任公司是新县扶贫重点企业。公司充分发挥产业带动、产业扶贫优势，长年安置贫困户在厂区、茶园基地务工就业达69户（人），促进增收240万元。采茶旺季，直接带动周边1 100多户贫困群众上山采茶、做工，每年仅采茶费用可为当地群众带来870多万元的经济收入。

为推动有机农业高质量发展，发挥有机农产品基地在农业绿色发展中的带动作用，助推乡村产业振兴，结合我国有机农产品发展实际，2020年中国绿色食品发展中心重新修订并发布了《全国有机农产品基地管理办法（试行）》，新管理办法以纳入绿色食品工作体系监管的有机认证为原则，以发挥体系优势，提升中绿华夏有机农产品认证品牌影响力为重点，形成了"认证为先、纳入监管、分级管理、发挥示范"的制度框架，重点在申报条件、申报规模、证后监管和地市、省绿办权责划分上做了新的规定，申报范围也由贫困地区向非贫困地区拓展。

2. 继续推进绿色食品、有机农业融合发展园区建设　2020年，以"发挥优势、突出特色、拓展功能、延长产业链条"为重点，中国绿色食品发展中心继续推进绿色食品、有机农业一二三产业融合发展园区建设。大力宣传一二三产业融合发展园区的拓展产业和延长链条功能、品牌影响力和在乡村振兴中推动产业发展的有效措施。经过四年的实践探索和经验积累，一二三产业融合发展园区越来越受到各地的重视，已步入有序发展轨道。

在措施上，按照"特色鲜明、模式新颖、功能丰富、效益显著"的要求，严格园区材料审核，进一步加大对一二三产业融合发展园区的现场检查力度。先后对7个省份的一二三产业融合发展园区进行了现场检查，园区现场检查比例达50%以上，未通过率接近30%。在突出宣传示范的基础上，进一步强化园区三产的融合程度，积极引导各地将注重与休闲农业融合，向多功能、多要素拓展，向链条更加延伸、业态更加丰富转变，探索推进绿色食品、有机食品、农产品地理标志相叠加的融合模式。截至2020年12月10日，全国累计建成27个一二三产业融合发展园区。

广西浦北五皇山全国有机农业（红茶）一二三产业融合发展园区

地方典型

山东省滨州市全国绿色食品（小麦）一二三产业融合发展园区特色显著

园区紧紧围绕打造高效生态型、能源节约型和循环经济型农业产业化重点龙头企业，不断拉长企业产业链条，初步形成了从小麦种植、收购仓储、初加工、精深加工、速冻烘焙食品加工、副产物综合利用、生猪养殖、农业开发、快餐连锁到生态旅游一条完整的优质小麦循环经济产业链。在三产融合园区建设方面，一产"抓优"。从优质专用小麦良种育繁入手，建立了5万亩育种基地和150万亩优质小麦种植基地，从源头上确保公司加工原料优质安全。二产"抓深"。抓好小麦初加工与深加工，中裕面粉被国家发展改革委、科技部、农业农村部等的38个内部食堂定为专用产品。深加工开发了谷朊粉、特级食用酒精等系列产品。其中谷朊粉、食用酒精品质国内领先，主要销往高端食品与酿酒企业并出口澳大利亚等国家。三产"抓全"。在滨州市区范围内共计建设各类餐饮零售店面200多家，形成了五大主打品牌。在产品销售中，商超与网上同步进行，实现了产销两旺。三产融合发展，促进了企业效益的提高，年净利润提高了20%以上。

园区绿色食品生产管理规范，能很好展示绿色食品生产理念和品牌形象，推进标准化种植，提高了种植、仓储、加工、销售、餐饮服务、副产品及废弃物综合利用等各个环节的产业化程度，实现产销衔接，拉近种植业与市场消费的距离，在小麦产业链各环节之间建立"利益共享、风险共担"的运行机制。通过产业链的上延下伸，建成了一条以优质小麦加工业为基础，以优质小麦订单种植为核心，以供给侧结构改革为导向，农牧结合绿色循环，从土地到餐桌贯穿一二三产业的小麦加工全产业链，实现了现代种植业、养殖业、加工业、餐饮服务业、废弃物处理等多种产业的深度融合和闭合循环，形成了"绿色食品小麦全产业链循环模式"。

三、证后监管

（一）企业年检

2020年，中国绿色食品发展中心根据疫情防控工作要求，及时调整年检督导计划，领导亲自带队完成了对陕西、河北、上海、河南、江苏和贵州6个省的省级工作机构的年检督导检查工作，走访、检查18家绿色食品企业，6家中绿华夏认证有机食品企业。专家组采取机构检查、企业走访及座谈会等方式对相关省级工作机构企业年检工作开展情况进行了监督检查，督促相关绿色食品办公室对提出的问题进行了整改部署。根据各省企业年检结果，取消了 2 家企业 21 个产品的绿色食品标志使用权。

（二）产品抽检

2020 年，全国抽检绿色食品产品为 8 673 个，抽检产品数占 2019 年末产品总数的 23.86%，检出不合格产品 40 个，同比减少 12 个，抽检合格率 99.54%，同比提高了 0.12%。2020 年，因抽检不合格而取消标志的产品 21 个。

从产品类别看，只有糖料作物、碳酸饮料、冷冻饮品、食品添加剂 4 小类没有抽到样品，对其他 53 小类的产品都进行了抽检，被抽检产品类别覆盖率为 92.98%，与 2019 年持平；糖料作物、碳酸饮料、食品添加剂已多年未抽到样品。瓜果类、蔬菜、大米、精制茶、水产品、调味品类、其他食用农产品、食用油、小麦粉、杂粮加工品是抽样排前 10 位的产品，这 10 类产品占绿色食品产品总数的 79.7%，占被抽检产品总数的 77.32%。从类别覆盖率，主要产品抽检率看，抽检结论能够客观反映绿色食品证后监管成果。

（三）标志市场监察

2020 年，市场监察工作于 4 月启动，由于地方机构改革和新冠肺炎疫情的原因，参与市场监察的绿色食品办公室比往年减少了 29 个，全国参与市场监察工作的各级绿色食品办公室共 32 个，其中，省市级绿色食品办公室 20 个，县区级绿色食品办公室 12 个；共检查了近 44 个城市或地区的 80 个各类市场。固定市场实际抽样 52 个，流动市场 28 个。

2020 年，市场监察被抽样的绿色食品企业 402 个，占有效用标绿色食品企业总数的 2.08%；共抽取标称绿色食品的样品 2 305 个，剔除重复样品后，共抽取到 978 个有效样品，占绿色食品有效用标产品总数的 2.29%。其中，规范用标产品总数 864 个，占有效样品总数的 88.34%，同比下降 2.58%；不规范用标产品总数 112 个，占有效样品总数的 11.45%，同比上升了 2.78%。假冒产品总数 2 个，占比 0.21%。

（四）风险预警

2020 年，中国绿色食品发展中心保持"农民专业合作社产品跟踪监测"为质量安全风险预警项目，委托农业农村部食品质量监督检验测试中心（济南）、农业农村部稻米及制品质量检验测试中心（杭州）承担农民专业合作社产品跟踪监测。同时，将茶叶和调味品纳入 2020 年绿色食品质量安全风险预警监测，委托农业农村部茶叶质量监督检验测试中心、农业农村部食品质量监督检验测试中心（成都）承担茶叶跟踪监测，委托农业农村部食品质量监督检验测试中心（成都）承担调味品跟踪监测。

为健全绿色食品质量安全突发事件应急处置机制，有效预防、积极应对绿色食品质量安全突发事件，提高应急处置工作效率，2020 年，中国绿色食品发展中心研究制订了《中国绿色食品发展中心绿色食品质量安全突发事件应急预案》。

（五）产品公告

2020 年，通过《农民日报》《中国食品报》共发布 37 期产品公告，其中，《农民日报》12 期、《中国食品报》25 期。通过中国绿色食品发展中心网站和"中国绿色食品""绿色食品博览""农安天地"3 个公众号发布 110 期获证产品公告。累计公告获证企业 8 393 家，产品 16 500 个，其中，初级企业 5 620 家，产品 10 500 个；加工企业 2 773 家，产品 6 000 个。公告撤销标志使用权的企业 17 家，产品 36 个。

（六）规范用标

2020 年，中国绿色食品发展中心继续组织开展"绿色食品标志规范使用行动"，研究制定了《绿色食品标志管理规范》，对绿色食品标志使用与管理作出了明确的规定，完善了用标制度，为规范使用和管理绿色食品标志提供了制度依据。在 2020 年厦门绿色食品博览会举办期间，中国绿色食品发展中心组织监管员对参展企业及其产品的用标情况进行了专项检查。通过一系列工作的开展，进一步强化了绿色食品企业用标意识，不断提高绿色食品企业及其产品的用标率，逐步规范绿色食品标志使用行为，切实维护好绿色食品品牌形象。

地方典型 1

江苏省切实做好以生产过程为重点的绿色食品企业年检工作

近年来，江苏省绿色食品呈现总量规模快速增长，质量效益不断提升的发展态势。为维护品牌公信力和美誉度，确保全省绿色食品高质量发展，江苏加大证后监管力度，落实属地管理责任、部门监管责任和生产主体责任，将绿色食品列入精准监管和动态监测的重点，切实做好以生产过程为重点的企业年检、以产品质量为重点的监督抽检、以用标规范为重点的专项检查，完善全链条监管。

年检工作上，一是明确工作职责。为进一步规范绿色食品企业年度检查工作，根据中国绿色食品发展中心相关要求，结合本省实际，制定印发了《江苏省绿色食品企业年度检查工作实施办法》。明确省市县各级工作机构职责，绿色食品年检工作由设区（市）负责组织实施，县（市、区）协助设区（市）开展辖区内的年检，或受设区（市）委托单独开展。省级绿色食品工作机构负责对全省年检工作进行指导、监督抽查。二是及时组织开展。年初印发相关通知进行工作布置，要求做到有效期内的绿色食品企业年检全覆盖。填写年检三联单（检查员签字、企业签字盖章确认），建立完整的年检工作档案，档案至少保存3年。设区（市）于次年1月底前将本年度年检工作总结、年检三联单（检查员签字、企业负责人签字盖章）、年检汇总表报省绿色食品办公室。三是实行年检"挂钩"。为进一步强化证后监管，确保发展质量，将企业年检情况与绿色食品申报"挂钩"，对于不能100%开展年检的，省里将根据年检实施情况同比例减少下一年度的申报受理。四是完善结果处理。对于年检中发现的问题，根据相关规范要求进行分类处理，形成工作闭环。年检结论为合格的，设区（市）在绿色食品证书上盖年检合格章；年检结论为整改的，及时通知企业限期整改，提交整改情况和验收报告；年检结论为不合格或整改验收不合格的，设区（市）将建议取消绿色食品标志使用权的报告及相关佐证材料盖章后报江苏省绿色食品办公室，并留存相关证明材料，由江苏省绿色食品办公室报请中国绿色食品发展中心取消标志使用权。

地方典型2

上海市加强市场标志监察，排查用标风险

2020 年，上海市依托大都市、大市场优势，制订《2020 年上海市绿色食品、地理标志农产品标志使用专项检查实施方案》，组织市、区两级机构实施"三必查"，排查绿色食品违规用标风险：一必查核心市场，每年对 5 家固定市场和 2 家流动市场内所有用标产品，购买样品，上网核查真伪；二是必查中高端市场，在重大节假日前，对城乡超市等开展绿色食品市场标志监察；三是必查郊区市场，组织全市 9 个区级工作机构对郊区 45 家大中型超市，开展标志市场监察。2020 年，共监察各类市场 55 场次，监察绿色食品标志产品 519 个，发现用标不规范产品 18 个，其中产品名称不一致 12 件，商标名称不一致 3 件，扩大用标范围 1 件，假冒绿色食品 1 件，绿色食品标志印刷不规范 1 件，绿色食品标志使用合格率为 96.5％，显示目前市场流通的绿色食品用标规范性明显向好。

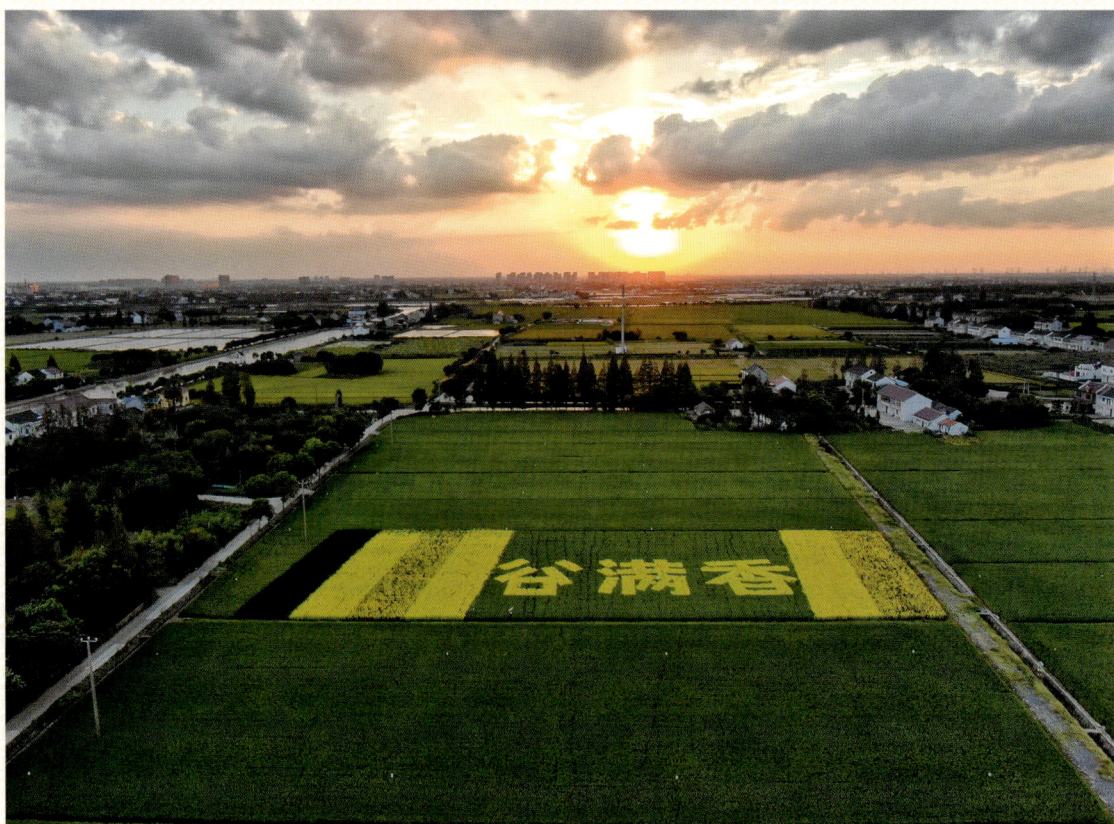

上海绿色食品基地

地方典型 3

贵州省以风险监测为抓手建立三位一体的证后监管工作机制

为进一步提升证后监管有效性，贵州省将风险监测、年度抽检和企业年度检查结合起来，建立了三位一体的证后监管工作机制，以风险监测为先导发现问题，用监督抽检核准问题，并通过与农产品质量安全部门联合开展现场检查督导企业整改问题。

2020 年，贵州省以绿色食品标准为判定依据，对 117 个绿色食品产品开展风险监测，抽检产品覆盖所有绿色食品种类，结果显示合格产品 108 个，合格率 92.3%。针对风险监测反馈问题，贵州省立即调整年度抽检名单，以风险监测发现问题为导向，安排监督抽检核准问题。同时，组织有关市（州）会同当地农产品质量安全部门一同开展年检工作，围绕风险监测反馈的问题，有针对性地对相关企业进行检查，做到有的放矢，督导企业及时整改存在问题，提高生产管理水平，进一步增强年检工作的权威性和有效性。

贵州省通过风险监测，提高了企业年度检查和年度抽检的针对性，将三者有机整合成互为补充的监管机制，对提高绿色食品证后监管、保障绿色食品健康发展具有重要意义。

贵州省余庆县全国绿色食品（茶）一二三产业融合发展园区

四、技术支撑

（一）课题项目研究

1. 绿色食品重大课题研究取得丰硕成果　中国工程院院士、中国农业大学教授张福锁团队经过近两年的研究，采取实地采样、企业座谈、市场调研、实验室检测、问卷调查相结合的工作方式，通过对全国 25 个省份 520 个绿色食品基地、4 233 份土样、10 个代表性城市 2 000 多份调查问卷、3 821 份网上调研和 9 010 份原始数据进行科学深入的研究论证，取得了丰硕的成果。2020 年 9 月 7 日，"绿色食品生态环境效应、经济效益和社会效应评价项目"顺利通过李培武院士为组长的专家组验收。

课题研究结果显示，绿色食品事业经过 30 年的发展，在生态环境效应、经济效益、品牌效应和社会效应等方面取得了令人振奋的成效。

2. 继续开展绿色食品品质营养指标研究　为进一步完善绿色食品标准指标体系建设，探索一套能突出体现绿色食品优质、营养的产品标准指标体系，自 2018 年起，中国绿色食品发展中心已完成 5 类产品的绿色食品品质营养指标研究。2020 年，中国绿色食品发展中心继续委托中国农业科学院农业质量标准与检测技术研究所、广东省农业科学院农产品公共监测中心与华测检测认证集团股份有限公司分别承担牛奶、番茄和黑木耳 3 个产品的品质营养指标研究课题，取得了初步研究进展。此外，委托中国农业科学院水稻研究所启动了大米品质营养指标研究工作。

3. 高效完成农业农村部"构建绿色优质农产品标准体系及典型宣传"课题　受农业农村部委托，中国绿色食品发展中心会同农业农村部农产品及加工品质量监督检验测试中心（广州）、湖南正信检测技术股份有限公司和湖南省绿色食品办公室，共同完成了"构建绿色优质农产品标准体系及典型宣传"课题。课题承担单位努力克服新冠肺炎疫情的影响，积极组织科研力量，高质量完成了报告撰写工作。该研究项目全面、系统总结了绿色食品、有机农产品、农产品地理标志、GAP、HACCP 及地方特色农产品认证制度生产技术标准的发展历程、工作机制、框架内容和主要特点，并对标对表国际先进标准和我国农产品质量安全管理的实际，分析了标准及其工作机制存在的问题，提出了构建以绿色有机农产品地标为主、其他标准为补充的绿色优质农产品标准体系对策建议。同时，选取绿色有机农产品地标工作成效显著、标准宣传推广效果明显的湖南省作为典型，通过对湖南省开展绿色有机和农产品地理标志标准宣传、推广和认证的经验及做法进行全面总结、系统分析，研究建立了进一步加大标准推广、推动标准落地生根的工作机制和模式。

（二）标准体系建设

1. 绿色食品标准制修订工作　一是组织农业农村部食品质量监督检验测试中心（成都）、中国农业大学等15家单位完成了20项产品标准的制修订工作。二是发布实施了《绿色食品　农药使用准则》等18项绿色食品标准。截至2020年底，绿色食品有效使用标准共140项，其中，准则类标准14项，产品标准126项。

2. 区域性绿色食品生产操作规程的编制工作　2020年，中国绿色食品发展中心组织北京、山西、内蒙古、安徽、福建、河南、湖南、四川、陕西、青海10个省份和新疆生产建设兵团的11家省级绿色食品工作机构和中国农业科学院农业资源与农业区划研究所、中国水产科学院东海水产研究所、山东省农业科学院农业质量标准与检测技术研究所3家科研单位编制了50项区域性绿色食品生产操作规程。这些规程包括杂粮、蔬菜、油料作物、食用菌等种植业产品规程41项、畜禽养殖规程3项、水产养殖产品规程6项。

3. 绿色食品生产操作规程进企入户示范行动　全面总结2019年规程进企入户行动，并在此基础上，制订了2020年的《绿色食品生产操作规程进企入户示范行动实施方案》，安排部署内蒙古、安徽、福建、江西、山东、四川和新疆生产建设兵团7个省级工作机构开展规程进企入户示范行动。经统计，2020年，7个地区累计在49个县（市、团场）、51个绿色食品原料基地、180个企业发放了22万余份宣传资料，组织了50余次培训，培训5 000余人。

（三）绿色生资

2020年，共受理绿色食品生产资料申请用标企业76家，产品228个，其中续展企业33家，占43.42％。截至2020年底，全国绿色生资有效用证企业167家，有效用证产品609个。其中，肥料企业86家，产品191个；农药企业37家，产品153个；饲料及饲料添加剂企业32家，产品248个；食品添加剂企业11家，产品16个；兽药企业 1 家，产品 1 个。

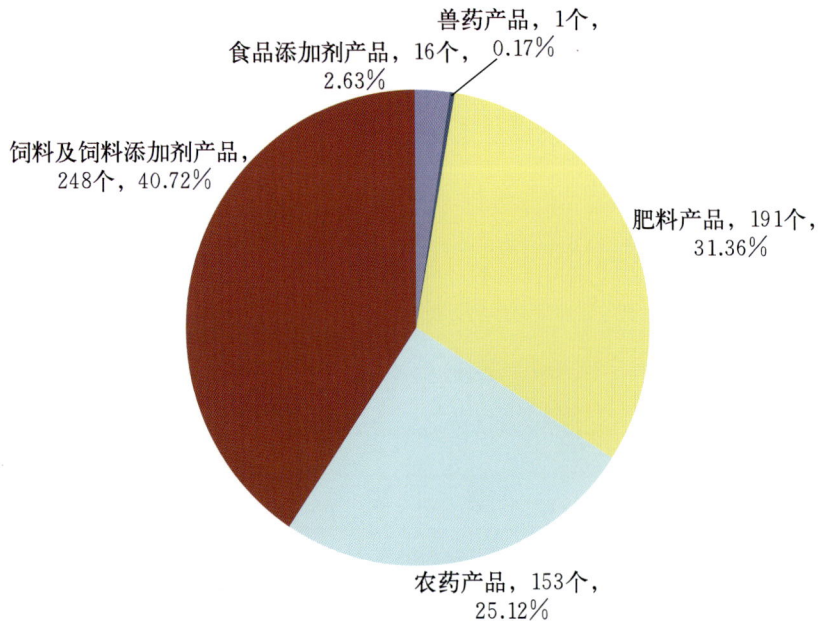

食品添加剂产品，16个，
2.63%

兽药产品，1个，
0.17%

饲料及饲料添加剂产品，
248个，40.72%

肥料产品，191个，
31.36%

农药产品，153个，
25.12%

2020 年全国绿色食品生产资料产品类别

1. 强化疫情防控，加强服务指导，推进绿色生资稳步发展 中国绿色食品协会积极统筹、稳步推进、加强服务，强化技术指导，在全力做好疫情防控的同时，确保绿色生资标志许可工作安全、有序开展。2 月 11 日，中国绿色食品协会发布《关于在新型冠状病毒感染肺炎疫情防控期间做好绿色生资标志许可工作的通知》，在全面提高思想认识、优化审核流程、做好指导服务、加大扶持力度、延长证书期限、减免相关费用等多个方面提出指导意见，帮助各地绿色食品办公室减轻负担，减少疫情对获证和申请企业的影响。为进一步加强技术指导，强化绿色生资理论建设，中国绿色食品协会广泛征求行业专家、地方绿色食品办公室以及生资企业的意见，对《绿色生资标志许可工作指南（2018 版）》中多项关键制度和绿色食品投入品相关准则进行了补充修订，出版发行《绿色生资标志许可工作指南（2020 版）》，指导绿色生资管理员在开展业务时查阅参考。

2. 发挥体系队伍优势，研究加快推进绿色生资工作措施 为加快推进绿色生资平稳健康发展，6 月 22 日，中国绿色食品协会组织召开"2020 年推进绿色生资工作座谈会"视频会议，交流绿色生资工作形势和目标任务，研究加快推进绿色生资工作措施，探讨在疫情防控常态化新形势下的发展方向和重点。来自 35 个省级绿色食品办公室的主要负责人、业务骨干及有关协会负责人等共计 90 余人参加了视频会。各地表示要加大宣传、做好服务、加强对接，保持绿色生资工作的良好发展势头，为绿色食品企业和基地提供更多优质、高效、环保的绿色农业投入品供给。

3. 强化品牌，培育市场，提升绿色生资知名度　第二十一届绿色食品博览会上，中国绿色食品协会搭建了绿色生资特装展区，展区面积 270 平方米，江门植保、青岛海大、东方希望等 20 家优秀获证企业参加展览，产品涵盖了肥料、农药、饲料及饲料添加剂、食品添加剂的多个品类，总计 64 种产品。会议期间，中国绿色食品协会还举办了"2020 年全国（厦门）绿色生资产销对接会"。中国绿色食品协会王运浩副会长、中国绿色食品发展中心陈兆云副主任以及部分省级绿色食品办公室主要负责人以及绿色、有机食品企业、基地，绿色生资企业代表等 100 余人参加了会议。参会企业在用肥用药及饲料产品需求等方面互换了供求信息。

4. 严抓质量监管，组织开展绿色生资年检督导工作　为进一步强化省级绿色食品办公室绿色生资年检工作职能，推动绿色生资年度检查工作制度落到实处，提高绿色

第二十一届绿色食品博览会绿色食品生产资料展区

生资年检工作质量，强化企业质量控制和规范用标意识，中国绿色食品发展中心陈兆云副主任带队，对广东绿色生资年检工作进行督导。督导组重点检查了原料储存库、生产车间、检测实验室、成品存放库，查验了原辅料存放情况、生产加工记录、商标使用情况等资料，与当地农业部门、地方绿色食品办公室、企业负责人等就品牌培育、企业发展、质量把控、产销对接、三产融合发展等方面进行了交流，全面了解广东省绿色生资发展情况和绿色生资年检工作落实情况。

（四）信息化建设

2020 年，中国绿色食品发展中心继续加快推进绿色食品、有机食品和农产品地理标志信息化建设步伐，加强统筹谋划和顶层设计，启动开展"国家绿色有机地标农产品管理服务平台"建设工作。

1. 启动"国家绿色有机地标农产品管理服务平台"建设 根据农业农村部信息化建设总体部署和要求，正式启动"国家绿色有机地标农产品管理服务平台"建设。新系统将按照"纵向到底、横向到边"的建设思路，以业务电子化、线上化、自动化为目标，整合性重建绿色食品、有机农产品、农产品地理标志等业务应用系统。通过新系统建设，促进业务工作与信息化深度融合，整体提升服务事业发展、支撑业务运行的能力和水平。2020 年，针对新系统各大用户群体，启动了业务需求调研与分析工作。

2. 开通绿色食品企业短信推送服务 为方便广大申报企业及时了解绿色食品标志许可工作进展，基于现有绿色食品信息系统，利用农业农村部 12316"三农"信息服务平台，开发上线了短信推送服务功能。针对绿色食品受理、审查、签约、颁证等 8 个业务环节，向企业及时发送业务办理进展、待办事项提醒等手机短信通知，主动加强了与申报企业的业务信息交流沟通。该系统功能自 2020 年 6 月 1 日开通上线以来，已向各地绿色食品申报主体发送近 3 万条短信。

3. 保障现有业务信息系统稳定运行 组织做好对现有绿色食品信息系统日常运维工作，及时响应和处理全国系统用户遇到的各类问题，保障绿色食品业务工作平稳正常开展。根据业务工作需要，对绿色食品重点业务环节的系统功能进行了改进优化，包括业务数据维护与统计、获证信息查询等功能。基于农产品地理标志信息系统，开发了农产品地理标志保护工程项目管理功能。

4. 持续做好提升中国绿色食品发展中心网站运行管理　调整网站信息发布审核程序，加强审核把关，提高信息质量。2020 年，通过中国绿色食品发展中心网站发布新闻、通知、公告等各类信息 700 多条，比 2019 年增加 77.5%。

中国绿色食品发展中心网站地址：

http：//www. greenfood. org

http：//www. greenfood. org. cn

http：//www. greenfood. agri. cn

中国绿色食品发展中心网站

五、体系建设

（一）工作机构

截至 2020 年，全国已建立省级绿色食品工作机构 36 个，地（市）级绿色食品工作机构 369 个，县（市）级绿色食品工作机构 2 492 个；全国县（市）及以上机构共有专职工作人员 2 447 人，兼职人员 4 629 人。

2020 年全国绿色食品工作体系与队伍

机构及人员	单位	数量
省级机构	个	36
人员	人	565
专职人员	人	406
兼职人员	人	159
地（市）级机构	个	369
人员	人	1 367
专职机构	个	184
人员	人	796
专职人员	人	471
兼职人员	人	325
挂靠机构	个	185
人员	人	571
专职人员	人	135
兼职人员	人	436
市（县）级机构	个	2 492
人员	人	5 144
专职机构	个	627
人员	人	1 715
专职人员	人	957
兼职人员	人	758
挂靠机构	个	1 865
人员	人	3 429
专职人员	人	478
兼职人员	人	2 951

（二）定点检测机构

绿色食品、农产品地理标志定点检测机构是体系持续健康发展的重要技术支撑。截至 2020 年，全国共有绿色食品定点检测机构 95 家。

为不断提升定点检测机构检测能力和管理水平，2020 年，中国绿色食品发展中心组织开展了飞行检查、能力验证和专业技术培训等相关工作：一是组织 125 家定点检测机构参加全国农产品质量安全检测技术能力验证，其中绿色食品定点检测机构 94 家。二是对上海等 8 个省（直辖市）的 8 家定点检测机构开展飞行检查，根据检查结果，取消了 1 家单位的定点检测资质。三是在广州组织举办绿色食品、农产品地理标志定点检测机构培训班。培训班通报了本年度飞行检查和能力验证有关情况；对出现的问题进行了详细梳理和分析讲解，要求各检测机构对照问题进行自我检查整改；培训班还邀请行业内知名专家做了有关检测技术和系统管理的专题讲座。115 名检测机构负责人及技术负责人参加了培训，培训班取得显著成效。

（三）"三员"队伍建设

绿色食品检查员、监管员和企业内检员（"三员"）是推动事业发展的重要技术力量，"三员"队伍的培训是事业发展的基础工作。2020 年，绿色食品系统新注册检查员 1 099 人、监管员 723 人。截至 2020 年 12 月 10 日，全系统有效检查员 3 571 人、监管员 2 776 人、企业内检员 63 569 人。

1. 创新工作方式，解决人才短缺困难　由于新冠肺炎疫情的原因，2020 年上半年现场培训工作受到一定影响，为了不影响工作推进，中国绿色食品发展中心采取多种方式，积极支持地方绿色食品办公室举办业务培训班，年初编辑出版了《绿色食品工作指南（2020 版）》，及时发放给各地绿色食品办公室作为培训教材和业务工具书。为了支持贫困地区发展绿色食品，中国绿色食品发展中心采取"云上与云下"相结合的方式，成功举办 10 期品牌扶贫培训班，为"三区三州"培训绿色食品检查员、监管员和企业内检员共计 825 人，极大缓解了贫困地区工作队伍不足的难题。

2. 积极支持地方绿色食品办公室开展业务培训　随着疫情缓解，从 2020 年下半年开始，中国绿色食品发展中心统筹协调，统一安排教材和师资，共支持各地绿色食品办公室举办绿色食品检查员监管员培训班 23 期，累计培训学员 3 585 人次，为绿色食品检查员、监管员的注册上岗提供有力的人员保障。

3. 创建启用企业内检员网上培训管理系统 为满足绿色食品审核工作需要，及时克服新冠肺炎疫情对现场培训工作的影响，中国绿色食品发展中心组织开发了全国绿色食品企业内检员培训管理系统，于 2020 年 5 月 22 日系统正式上线运行。该系统是面向绿色食品企业内部检查员的综合服务平台，可以为企业内检员提供账号注册、培训考核、资质证书生成、变更、再注册等"一站式"培训注册服务。截至 2020 年 12 月底，已有 63 569 人通过该系统完成内检员注册，其中，19 359 人通过线上培训，原金农系统有效内检员导入系统 40 233 人，大大提高了对企业内检员培训管理的时效性。

绿色食品企业内检员培训管理系统

地方典型

安徽省高度重视加强体系队伍能力建设

近年来，安徽省持续强化体系队伍能力建设。一是每年初组织召开全省"三品一标"产业发展与质量管理工作培训会，参会人员为市局分管领导和绿色食品办公室负责人，以及部分县局领导，目的是统一思想，明确目标任务、工作思路和工作重点。二是每年举办一期绿色食品检查员监管员资质培训班和一期检查员能力提升培训班，保障每一级绿色食品工作机构、每一位绿色食品工作人员熟知绿色食品标准。三是举办规程进企入户现场培训会。2020 年 8 月，在黄山市举办安徽省绿色食品检查员能力提升培训班，专门选取歙县绿色食品茶叶原料标准化生产基地作为现场教学点，首次在全省范围的培训班上，开展绿色食品生产操作规程进企入户的现场教学，提升了基地管理人员的业务能力。四是面向绿色食品企业内检员开展培训。2020年，安徽省绿色食品办公室共统筹指导12个市（县）举办企业内检员培训班16期，累计培训学员2 400余人次，保障了每一个绿色食品申报企业都有一个绿色食品业务明白人。

安徽省绿色食品检查员标志监管员培训班

（四）专家队伍

绿色食品专家队伍是绿色食品事业发展强有力的技术支撑。为充分利用社会资源和专业技术力量，中国绿色食品发展中心组建了一只高效精干的专家队伍，根据事业发展需求和业务需要，不断完善专家结构、补充专家资源。截至2020年，参与绿色有机和地标工作的专家队伍累计400余人，其中核心专家100余人。这些专家主要来自国家行政管理部门、科研单位、检测机构、大专院校等相关业务领域，主要参与绿色食品理论研究、标准制修订、标志许可审核以及日常业务咨询等工作，为促进绿色食品、有机食品和农产品地理标志事业发展作出了积极贡献。

绿色食品研究项目评审会

六、品牌建设

（一）标志商标管理

1. 商标境内注册及版权保护情况　截至 2020 年底，中国绿色食品发展中心在境内注册的证明商标共涉及 9 个商品类别、10 种形式、93 件商标，基本涵盖了食用农产品和加工品。标志商标注册有效地保护和宣传了绿色食品品牌。绿色食品标志图形及绿色食品中、英文组合著作权在国家版权局登记保护成功，有效期为 50 年，为绿色食品标志在非注册类别上的保护提供了法律凭证。

2. 商标境外注册情况　截至 2020 年底，绿色食品商标已在日本、韩国、法国、葡萄牙、俄罗斯、英国、芬兰、新加坡、澳大利亚、美国及中国香港 11 个国家和地区成功注册，为绿色食品产品打入国际市场提供了更有力的法律保护和支持。

（二）品牌宣传

1. 全国绿色食品宣传月　中国绿色食品发展中心已连续 3 年开展"春风万里　绿

食有你"全国绿色食品宣传月活动，2020 年是脱贫攻坚决战决胜之年，又处于新冠肺炎疫情防控的特殊时期，中国绿色食品发展中心创新宣传形式，首次以线上直播带货的方式进行宣传。

2020 年 5 月 29 日，绿色食品宣传月启动仪式暨贫困地区产销对接活动在北京新浪微博直播间举行，活动通过大 V 带货和贫困县县长推介等形式在线推广绿色食品。据不完全统计，当日进入直播间参与互动的网友达 300 余万人，最高同时在线人数 50.1 万，活动全网曝光量 1.1 亿次。总体来看，活动社会反响积极，影响广泛，效果显著。同时，鼓励各省根据当地疫情防控要求，因地制宜，开展线上线下宣传，普及绿色食品知识，提升绿色食品品牌影响力，助力脱贫攻坚。宣传月期间，共有 32 个省级绿色食品工作机构举办了 240 场宣传推介活动，邀请经销商 236 家，线上线下意向签约金额 19.83 亿元，各地相关新闻报道 500 余篇。

地方典型 1

甘　肃

甘肃省绿色食品办公室于 5 月 25 日至 6 月 24 日组织全省 14 个市（州）72 个县（区）开展"春风万里　绿食有你"绿色食品宣传及产销对接活动，省内 58 个国家级贫困县区企业参加了活动。据不完全统计，共有近 550 家绿色食品、有机食品及农产品地理标志授权企业现场展示、品尝、销售，并邀请物美集团、工商银行甘肃省分行融 e 购平台等多家采购商出席各地的产销对接活动，其中 58 个贫困县区参加展示绿色食品企业 285 家。活动通过发放绿色食品宣传册、宣传单及印绿色食品标志的抽纸、小扇子、扑克牌、文化衫、宣传环保袋等多种形式，推介"绿色生产、绿色消费、绿色发展"理念，让广大消费者贴近绿色食品生产企业。活动期间在各类媒体平台共刊登宣传报道稿件 118 篇（次），进一步扩大了绿色食品的社会影响力和美誉度。尤其是金川区绿色食品办公室与金昌市金川区教育局联合举办"庆六一，绿食万里"活动。现场参加小学生 2 000 余人，发放 2 000 余份绿色食品宣传材料，广大小学生一边欣赏着文艺演出，一边品尝着绿色农产品，共同度过了一个欢乐的儿童节，取得了良好的宣传效果。

地方典型2

河 北

8月11日，由河北省农业农村厅主办，河北省农产品质量安全监管局、河北省农产品质量安全中心承办的"春风万里 绿食有你——河北省绿色食品宣传月"活动在石家庄启动。本次绿色食品宣传活动以线上形式开展。河北新闻网开设网上专题，并录制科普访谈视频，对包括17家贫困地区企业在内的51家绿色食品企业进行线上宣传展示。活动当天，富岗苹果、栗源板栗、威县红酥梨等绿色食品企业代表齐聚河北新闻网演播室，对自家产品进行展示品鉴、宣传推介。通过多层次、多形式、多角度宣传绿色食品发展理念以及绿色食品标准、制度规程和运作模式，介绍产业发展成效、经验，讲好品牌故事，使绿色消费、绿色发展理念深入人心，让绿色食品品牌家喻户晓，进而使绿色食品工作在深入实施乡村振兴战略，大力推进质量兴农、绿色兴农、品牌强农等方面发挥更加重要的作用。

河北省绿色食品宣传月启动仪式

2. 借助资源，扩大宣传　2020年，中国绿色食品发展中心继续与农民日报社、中国农村杂志社、《农产品质量与安全》、农产品质量安全中心、《优质农产品》等媒体及单位深入开展宣传合作，以开设专版、专栏、专题等方式，系统、持久地做好绿色食品品牌宣传工作。全年共发布"绿色有机地标农产品"相关报道100余篇。其中，《农民日报》发表的《而立之年再出发——第二十一届中国绿博会聚焦绿色食品事业30年》及《农产品市场》发表的《看绿色食品事业30年成效几何》受到社会公众的广泛关注。

4｜综合新闻　2020年11月11日　星期三　编辑：刘振远　校对：李鹏　新闻热线：01084395091　E-mail：zbs2250@263.net　**农民日报**

而立之年再出发

——第二十一届中国绿博会聚焦绿色食品事业30年

本报记者　韩啸

回溯30年发展历程 树立农业绿色生态发展理念

助力脱贫攻坚 把握"十四五"高质量绿色发展战略先机

福建数字农业发展驶入快车道

本报讯（记者 蔡茂楷）

贵州中药材带动41.75万贫困人口增收

本报讯（记者 刘久锋 实习生 龙小敏）

《农民日报》发表《而立之年再出发——第二十一届中国绿博会聚集绿色食品事业30年》

中国农村网首页　　　🔔订阅　农业农村部中国农村杂志社

中国农村网 crnews.net　倾听·记录·传播　　决战决胜 聚焦2020全国两会　　中华人民共和国 农业农村部公报

首页｜新闻｜政策｜思想｜经济｜市场｜社会｜人物｜科教｜生活｜视频｜图片｜直播｜我们　　2021.1.4星期一　　标题▼　搜索

中国农村网 > 关注

看绿色食品事业30年成效几何

2020-12-09 10:25:17　来源：农产品市场-中国农村网　作者：本刊记者 毛绪强

11月6日，正值绿色食品事业创立30周年之际，中国绿色食品发展中心在福建厦门举办"发展绿色食品助力乡村振兴"研讨会。会上，中国农业大学教授、中国工程院院士张福锁代表其团队发布了中国绿色食品发展研究院（以下简称研究院）重大研究成果——"绿色食品生态环境经济和社会效益评价报告"。

两年前，这家中国绿色食品发展中心与中国农业大学农业绿色发展学院共同发起的研究院正式成立。旨在开展农业绿色发展的新理论、新技术、新路径、新模式的探索和实践，强化绿色食品产业发展的战略支撑、理论支撑、技术支撑和人才支撑，推进绿色食品产业高质量发展，助力农业绿色发展和乡村振兴战略的实施。

"绿色食品生态环境经济和社会效益评价报告"从绿色食品对农业生产减肥减药、提高耕地质量促进土壤健康、助力环境减排、提高经济和社会效益等四个方面介绍了绿色食品事业发展30年来，对我国经济社会发展带来的积极变化。

成效一：绿色食品模式减肥减药成效显著

《农产品市场》发表《看绿色食品事业30年成效几何》

3. 新媒体宣传 2020 年"中国绿色食品"和"绿色食品博览"两个公众号累计发送图文信息 245 篇,阅读量 15 万人次。平台举办的绿色食品宣传月有奖竞答、"绿色食品 30 年留言点赞"等活动共吸引了 10 万余人参与,点击量超过 30 万人次。平台开设的"扶贫产品"专栏助力消费扶贫,粉丝可以通过点击链接或识别二维码,直接在淘宝网、京东网、银联云闪付商城等平台购买。

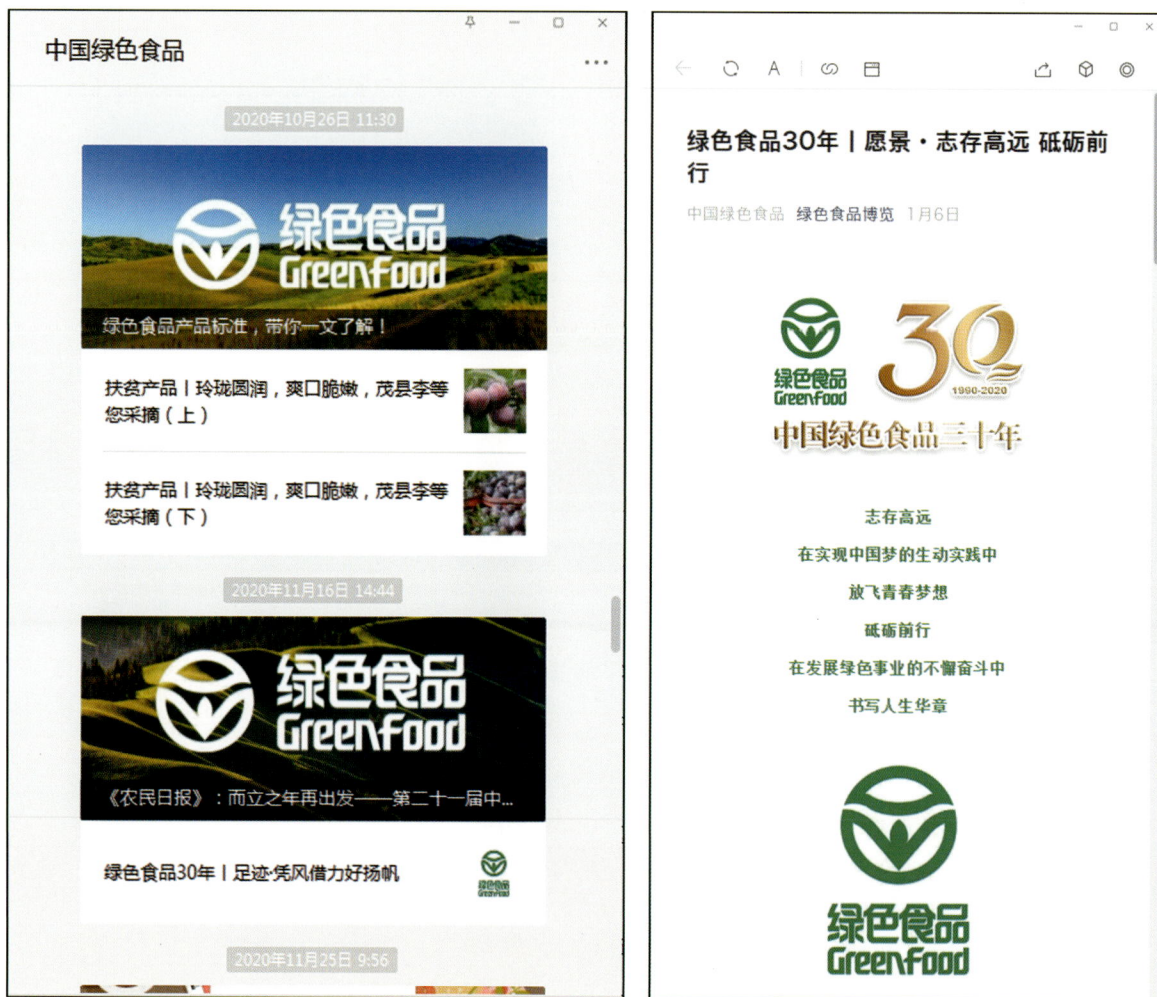

中国绿色食品发展中心微信公众号

4. 寻找"最美绿色食品企业" 寻找"最美绿色食品企业"为中国绿色食品发展中心服务企业"五大行动"之一。通过企业申报和省级绿色食品工作机构审核推荐,并经过中国绿色食品发展中心会审、专家审查、社会公示等程序,最终遴选出 154 家在绿色食品生产、质量监管、品牌宣传、市场营销、环境保护、扶贫攻坚等方面具有代表性的"最美绿色食品企业"。绿色食品始终秉承生态环保、安全优质的理念,坚持推进绿色生产，积极引领绿色消费，成功打造出了一批安全优质、美誉度高的精品农产品，开辟了绿色优质农产品供给的重要渠道，为助推农业高质量发展、提高城乡人民生活水平作出了重要贡献。

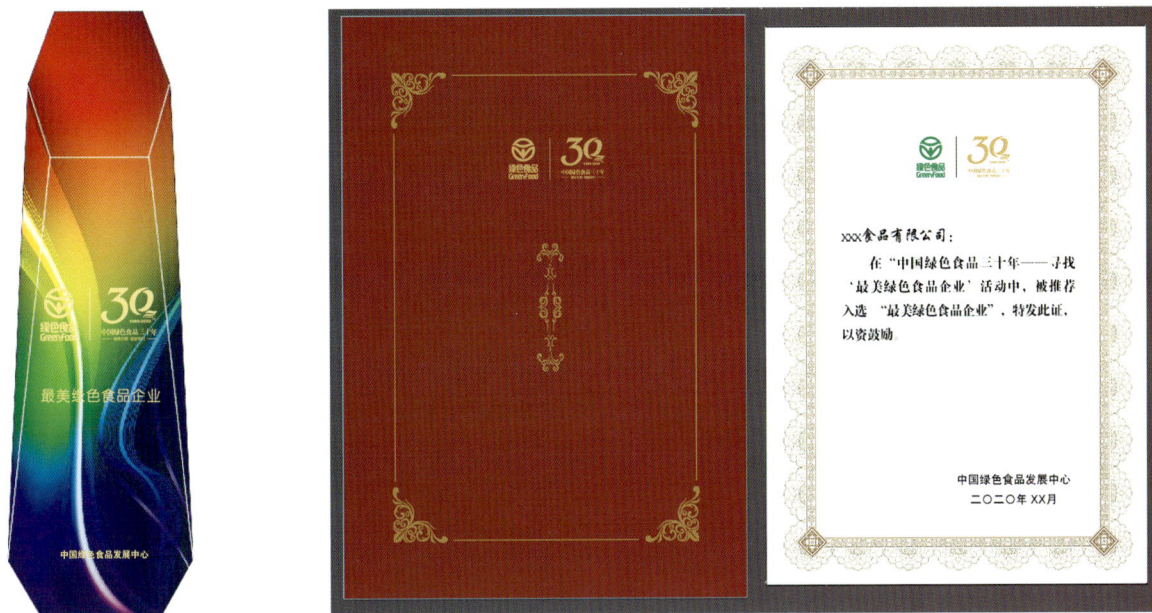

"最美绿色食品企业"奖杯、证书

5. 展示绿色食品 30 年辉煌成就　30 年风雨兼程，30 年春华秋实。中国绿色食品发展中心制作《中国绿色食品三十年》画册，以图文并茂的形式展现了中心事业发展的 30 年历程，寄语了新时代绿色食品再出发的辉煌愿景。

《中国绿色食品三十年》画册

（三）市场建设

举办第二十一届中国绿色食品博览会　由中国绿色食品发展中心、中国绿色食品协会、福建省农业农村厅共同主办，厦门市人民政府支持的第二十一届中国绿色食品博览会于 2020 年 11 月 6—8 日在厦门国际会展中心隆重举办。本届绿色食品博览会有以下特点。

一是各方高度重视支持。全国政协委员、农业农村部原党组成员宋建朝，原农业部党组成员、中国农产品市场协会会长张玉香，中国农业大学教授、中国工程院院士张福锁，农业农村部农产品质量安全监管司副司长方晓华和福建省农业农村厅厅长黄华康等领导参观指导各省展区并出席有关活动。各省（自治区、直辖市）近 30 位厅（局）级领导率团到会参展，并为本省展团的安全优质农产品站台代言。

第二十一届中国绿色食品博览会现场

第二十一届中国绿色食品博览会各省展区

二是搭建平台促产销。本届绿色食品博览会通过多种渠道、多种形式邀请到境内900多家农产品专业采购商。盒马、京东、北京超市发、上海壹佰米等一大批有平台、有渠道、有客户、有会员的大型商超与知名电商，派出专业采购组进馆考察优质农产品资源，与参展商洽谈合作、对接贸易。据统计，本届绿色食品博览会实现订单交易额及意向合作金额37亿元，签订经贸与技术投资合作项目626个。展会期间，地方展团还举办了27场专题推介活动。

三是媒体宣传造声势。本届绿色食品博览会得到了新闻媒体的广泛关注和积极支持。农民日报社、中国农村杂志社、新华网、福建电视台等40多家主流媒体以及相关网站及时进行了大量报道，同时，本届绿色食品博览会首次启用"线上直播"平台，通过"线下＋线上"立体联动展播，100多万人通过福建省东南卫视网络直播间观看了本次展会。

四是疫情防控保驾护航。本届绿色食品博览会全面贯彻落实国务院新冠肺炎疫情常态化防控工作指导意见和省、市新冠肺炎疫情常态化防控工作方案部署安排，认真制订了《疫情防控工作实施方案和应急处置预案》，成立疫情防控小组，实行身份必问、信息必录、体温必测、口罩必戴、消毒必做、突发必处的"六必"原则，做到防疫无死角，及时、全面、严谨、有序地开展疫情防控工作，保障了展会的顺利举办。

第二十一届中国绿色食品博览会产品推介会

七、境外交流与合作

（一）海峡两岸交流与合作

中国绿色食品发展中心与中国绿色食品协会自 2014 年开始先后与海峡两岸商务协调会、台湾绿色食品暨生态农业发展基金会开展绿色食品有机食品的交流与合作。2018 年 12 月，中国绿色食品协会与台湾绿色食品暨生态农业发展基金会在厦门签署了《海峡两岸绿色食品有机食品交流合作备忘录》。

2020 年，中国绿色食品发展中心面对新冠肺炎疫情的影响，克服困难，在农业农村部台办、农产品质量安全监管司的指导和支持下，按照《海峡两岸绿色食品有机食品交流合作备忘录》框架内容，积极务实地推动绿色食品、有机食品交流与合作工作落实落地，取得了实质性进展。完善细化了台湾地区的绿色食品制度规范和技术标准；培训了绿色食品业务专业人员；选定了绿色食品检测检验机构；启动了绿色食品标志许可审核工作；修订了台湾企业使用的"绿色食品标志使用合同"。

中国绿色食品发展中心组织实施对台交流合作项目。海峡两岸合作制定了高山乌龙茶种植与加工共通标准，为互鉴茶叶生产技术、促进产业交流、畅通产品贸易创造了条件。

中国绿色食品发展中心还积极推进中国绿色食品协会与台湾绿色食品暨生态农业发展基金会在发展绿色食品方面的交流合作，组织研究台湾申报企业的原料、环境和产品检测问题，完成台湾爱之味股份有限公司、青田农产有限公司等3家企业5个产品的申报审查工作。

（二）境外交流与合作

30年来，绿色食品坚持精品定位，注重优质服务，强化品牌打造，国际知名度稳步提升。

English Français Español Русский عربي

外交部

首页　外交部长　外交部　外交动态　政府信息公开　驻外机构　国家和组织　资料　服务　移动客户端

首页 > 外交部长 > 活动

中华人民共和国国务委员兼外长王毅
同马来西亚外交部长希沙慕丁发表的联合新闻声明

2020-10-13

[字体：大中小]　打印本页

2020年10月13日，吉隆坡

十二、双方认可商品贸易特别是棕榈油贸易的意义和重要性，同意在符合马来西亚可持续棕榈油认证和中国绿色食品认证标准下，不断推进棕榈油产业可持续发展合作。中方同意鼓励企业按市场规则扩大进口马方棕榈油和其他产品。双方同意探讨开展马棕榈油和棕榈油产品三方合作。

中华人民共和国国务委员兼外长同马来西亚外交部长发表的联合新闻声明

1. 积极发展新的申报企业　2020年，中国绿色食品发展中心新发展了3个境外申请企业，其中，厄瓜多尔戴安娜食品公司申报的香蕉粉已完成线上现场检查，爱尔兰

DAIRYGOLD 公司申报的乳清粉已完成受理审核，德国帕维特乳品公司申报的乳清粉正在补充申请材料。受全球新冠肺炎疫情影响，中国绿色食品发展中心采用线上远程检查方式对缅甸酸角基地进行了现场检查，有效地保障了国内使用该基地原料的企业的按期续展。

2. 持续推进已有的合作项目　2020 年，中国绿色食品发展中心与马来西亚可持续棕榈油认证委员的合作取得突破性进展，双方的互认合作被列入中马两国外长的联合新闻声明。声明中明确：双方认可商品贸易特别是棕榈油贸易的意义和重要性，同意在符合马来西亚可持续棕榈油认证和中国绿色食品认证的标准下，不断推进棕榈油产业可持续发展合作。中方同意鼓励企业按市场规则扩大进口马方棕榈油和其他产品。双方同意探讨开展棕榈油和棕榈油产品三方合作。

第三篇

中绿华夏有机农产品

重庆市石柱县有机稻谷基地

一、发展基本情况

（一）获证企业与产品

2020 年，中绿华夏有机食品认证中心认证有机企业 1 228 家，同比增长 3.7%；产品 4 466 个，同比增长 1.9%；共颁发有机产品证书 1 789 张，同比下降 0.33%（由于 2020 年新版标准实施，证书合并 60 张）。

2020 年有机食品发展总体情况

指标	单位	数量
企业数	家	1 228
产品数	个	4 466
证书数	张	1 789
新申报企业数	家	246
新申报产品数	个	686
新申报证书数	张	311
认证面积①	万亩	5 870.93
种植业①	万亩	235.4
畜牧业②	万亩	5 101.97
渔业③	万亩	320.90
野生采集	万亩	212.39
酒及饮料	万亩	0.27

注：① 种植业、畜牧业、渔业、野生采集面积分别含其加工产品面积。② 包括饲料、饲草种植认证面积（含境外认证面积）。③ 包括淡水、海水养殖认证面积。

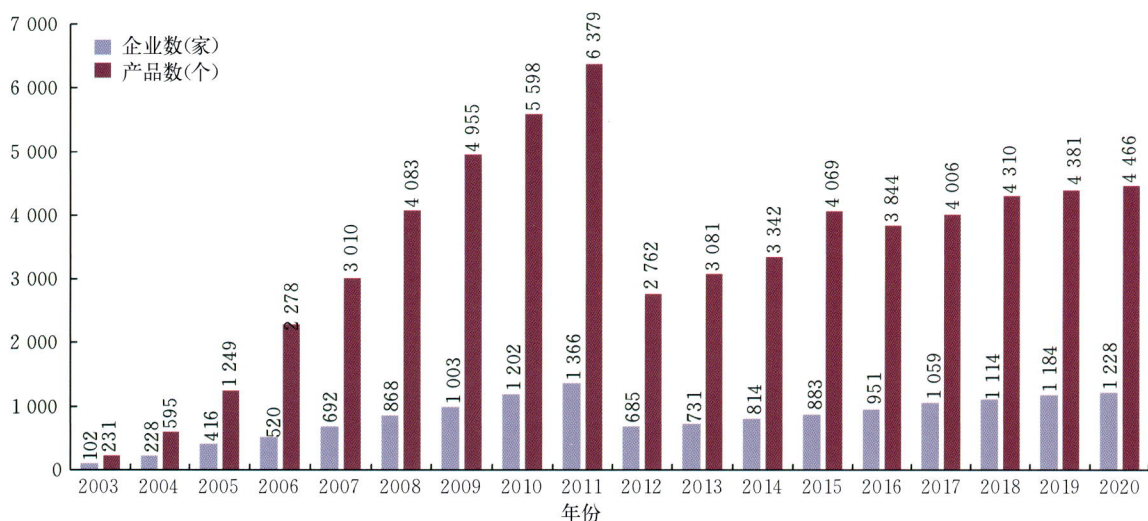

2003—2020 年每年认证有机产品企业数和产品数

（二）获证产品结构

2020 年，中绿华夏有机食品认证中心认证的产品中，种植业产品（含其加工产品）3 387 个，占 75.84％；畜牧业产品（含其加工产品）511 个，占 11.44％；渔业产品（含其加工产品）335 个，占 7.50％；野生采集产品 111 个，占 2.49％；酒类和饮料产品 122 个，占 2.73％。

2020 年有机食品分类产品发展情况

产品	产品数（个）	产量（万吨）	基地面积（万亩）
种植业	2 312	146.01	232.86
粮食作物	523	26.98	60.15
薯类	31	3.27	2.62
油料作物	47	6.47	29.65
豆类	173	2.79	24.75
棉花	1	0.002	0.01
糖料	4	10.42	3.65
蔬菜	178	3.6	6.62
水果和坚果	255	22.33	31.24
茶叶	971	2.99	17.72
中草药	50	0.87	9.66
饲料原料	79	66.29	46.79
畜牧业	122	260.60	5 099.69
牲畜	101	260.53	5 099.08
家禽	21	0.07	0.61
水产类	271	23.39	320.84
野生采集	111	8.61	212.39
加工业	1 650	82.29	5.15
粮食加工	532	8.76	0.91
其他淀粉制品	8	0.08	0.05
水果坚果加工	273	2.64	0.41
畜产品加工	202	1.68	0.15
渔业产品加工	64	2.69	0.06
食用油	106	4.33	0.81
制糖	8	1.02	0.31
酒类	91	6.4	0.18

（续）

产品	产品数（个）	产量（万吨）	基地面积（万亩）
饮料	31	0.46	0.09
饼干及其他焙烤食品制造	8	0.000 1	0.000 2
乳品加工	187	53.78	2.13
米面制品加工	140	0.45	0.05
总计	4 466	520.9	5 870.93

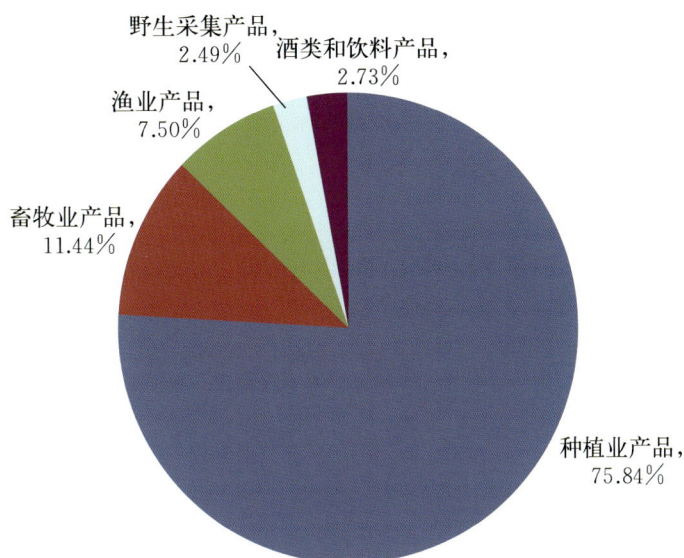

2020 年有机食品产品结构

注：种植业、畜牧业、渔业产品分别含其加工产品。

（三）区域发展情况

2020 年，中绿华夏有机食品认证中心认证有机农产品企业数最多的 5 个省份是黑龙江、湖北、湖南、江苏、内蒙古；认证有机食品生产面积最大的 5 个省份是青海、四川、甘肃、黑龙江、新疆。

2020 年各地区有机食品发展情况

地区	企业数（个）	产品数（个）	证书数（张）	产量（万吨）	基地面积（万亩）
安徽	32	69	47	0.45	8.55
北京	16	62	24	14.7	8.63
福建	47	257	81	5.31	15.59
甘肃	55	230	73	9.8	318.85

（续）

地区	企业数（个）	产品数（个）	证书数（张）	产量（万吨）	基地面积（万亩）
广东	33	131	51	1.34	2.95
广西	42	138	59	4.31	27.47
贵州	7	16	9	0.67	6.34
海南	8	22	9	0.11	0.19
河北	45	133	72	4.33	11.48
河南	14	32	23	0.43	0.86
黑龙江	132	829	215	23.64	232.64
湖北	80	203	122	3.15	36.87
湖南	77	260	106	3.71	16.00
吉林	32	144	54	2.55	55.15
江苏	75	179	111	1.35	6.38
江西	25	117	44	2.38	24.27
辽宁	20	90	36	1.82	31.53
内蒙古	73	230	102	140.76	75.47
宁夏	23	47	30	3.09	4.94
青海	19	144	21	10.2	4 161.45
山东	61	159	86	24.18	13.92
山西	40	129	61	1.56	13.28
陕西	7	10	8	1.31	0.62
上海	18	34	26	2.91	9.50
四川	31	65	37	4.9	337.74
天津	0	0	0	0	0
西藏	9	28	14	0.78	4.70
新疆	11	39	16	1.3	77.76
云南	20	60	31	1.73	4.74
浙江	10	25	15	1.48	0.28
重庆	48	113	54	3.98	11.42
台湾	4	25	5	0.02	0.02
海外	114	502	147	242.65	351.36
总计	1 228	4 466	1 789	520.9	5 870.93

（四）贫困地区发展情况

中绿华夏有机食品认证中心继续执行国家级贫困县及相关地区费用减免政策，全年共减免有机认证费 364 万元。其中，为大兴安岭南麓山片区 16 家企业减免认证费 11.12 万元；为"三区三州" 27 家企业减免认证费 33.83 万元；为环京津冀贫困地区 10 家企业减免认证费 11.99 万元；为受新冠肺炎疫情影响严重的湖北省 80 家企业减免全部认证费 168 万元。

内蒙古呼伦贝尔有机养殖基地

（五）应对新冠肺炎疫情的政策措施

1. 《中绿华夏有机食品认证中心应对新冠肺炎疫情认证工作方案》（中绿华夏〔2020〕13 号）　根据《市场监管总局办公厅关于在新型冠状病毒感染肺炎疫情防控期间实施好质量认证相关工作的通知》（市监认证〔2020〕9 号）和《关于在新冠肺炎疫情防控期间认可工作安排的通知》[认可委（秘）〔2020〕16 号]文件要求，为确保新冠肺炎疫情防控期间中绿华夏有机食品认证中心认证工作平稳有序运行，3 月 9 日，中绿华夏有机食品认证中心发布了《中绿华夏有机食品认证中心应对新冠肺炎疫情认证工作方案》，主要内容如下。

一是顺延证书有效期。对于受疫情影响无法按时提交再认证申请及安排现场检查的获证企业，中绿华夏有机食品认证中心按照企业自愿的原则对其再认证证书有效期进行顺延。

二是开展线上申请＋线上审核。在疫情防控期间文件流转不便，鼓励企业采取线上申请，同时中绿华夏有机食品认证中心相关部门对合同评审、受理、检查委派、综合审核、颁证评审等环节工作亦采取线上电子档案审核方式，所有审核文件均以电子版形式传送。

三是进行远程线上检查。在疫情防控期间，对于收获季节在 6 月 30 日之前的一年生作物认证项目及认证委托人对换发证书有需求的项目，中绿华夏有机食品认证中心以远程线上的方式完成检查。

四是颁发电子版认证证书、销售证书和防伪标签。对于经过线上审核和远程检查合格的企业，中绿华夏有机食品认证中心向其颁发认证证书、销售证书和防伪标签，待疫情解除后向获证企业寄发证书正本。

2. 做好疫情期间内检员管理和培训工作　为解决疫情期间内检员线下培训困难问题，结合标准换版，组织系统内外专家和技术骨干通过线上直播授课的形式，对内检员进行新标宣贯，累计 800 余家有机食品企业 1 200 余人次参加培训。

3. 对新冠肺炎疫情最严重的湖北省实行费用减免　根据《中国绿色食品发展中心关于做好当前绿色食品、有机食品和农产品地理标志工作积极应对疫情的通知》文件精神，2 月 25 日，中绿华夏有机食品认证中心出颁布《关于减收湖北地区企业有机认证费的通知》（中绿华夏〔2020〕12 号），决定免除湖北地区企业 2020 年有机产品认证费（不含年度管理费）。截至 2020 年 12 月底，全年共减免湖北省有机产品认证费 168 万元，涉及 80 家企业的 203 个产品。

二、 证后监管情况

（一）产品抽检

按中绿华夏有机食品认证中心工作计划，对 28 省份的 300 个获证产品下达了抽检计划。实际抽检产品 307 个，检测不合格产品 3 个，已按程序进行撤销证书的处理，检测合格率为 99.02％。

（二）监督检查

中绿华夏有机食品认证中心对 60 家企业进行不通知检查。结合上年度证后监管情况和外部监管信息、企业的市场影响力、有机生产管理复杂程度等因素，对黑龙江、辽宁、吉林、北京、上海、江西、广东、海南、青海、宁夏、重庆、河北、江苏13省份及青岛的企业进行了监督检查。

三、品牌建设与市场

（一）中国国际有机食品博览会

2020年11月6—8日，第十四届中国国际有机食品博览会在厦门成功举办。博览会以"发展有机产业　促进贸易交流　引领消费食尚"为主题，继续发挥我国农业系统有机食品的资源优势，充分展示我国有机食品产业的发展成果，促进有机食品的市场贸易。博览会展览面积近6 700平方米，设各省特色有机产品展区、品牌企业展区、中绿华夏及境外认证企业三大展区。来自各省（自治区、直辖市）的26个展团参展，

第十四届中国国际有机食品博览会中绿华夏展台

参展企业 393 家，产品包括粮、油、果、蔬、茶、畜、禽、蛋、奶、水产等 500 余个产品。因新冠肺炎疫情影响，境外展商虽无法亲临现场，但仍有德国、丹麦、法国、澳大利亚等国家的 17 家有机食品企业通过邮寄产品和宣传材料的方式前来参展。展会期间，邀请到近 900 家农产品食品专业采购商前来参展，并进行产销对接和业务洽谈，达到了宣传品牌、展示成果、推动交流、促进贸易的目的。实现订单交易及意向金额 5.4 亿元，签订经贸与技术投资合作项目 163 个，与 2019 年相比，交易额增长了 20%，取得显著的贸易成果。

（二）电商平台

中绿华夏有机食品认证中心与工商银行融 e 购、源食俱乐部等平台合作，继续发展新企业入驻平台销售。融 e 购平台上线有机企业 140 家，交易 8.7 万笔，销售金额 696 万元。源食俱乐部上线有机企业 135 家，销售金额 600 余万元。

（三）助力脱贫

以"消费扶贫、奉献爱心"为主题，组织了 10 余家贫困地区有机企业，参加江苏绿色有机农产品交易洽谈会，同期举办了有机企业产销对接会，洽谈会期间，有机企业现场订购及销售 200 余万元，达成意向采购金额 2 000 余万元。

（四）品牌宣传

为推广有机理念、宣传中心工作，中绿华夏有机食品认证中心对官方网站进行了改版，推出了"华夏有机农业"微信公众号，并结合网站和微信平台开展了"企业风采"宣传推介活动，通过多措并举的宣传方式，提升中绿华夏品牌的影响力和公信力。

四、境外认证与合作交流

（一）境外认证

2020 年，境外新申报企业 21 家，项目 33 个。截至 2020 年底，共有 32 个国家和地区的 118 家企业 527 个产品通过了中绿华夏有机食品认证中心有机认证，产品数同比增长 21.1％。在全球疫情持续严峻，世界经济下行风险加剧的大背景下，项目整体维持稳定，巩固了有机中心在境外认证业务上的领先地位。

瑞士有机养殖基地

（二）境外交流与合作

2020 年，中绿华夏有机食品认证中心召开境外代表和检查员培训会议，结合新版《有机产品认证实施规则》变化内容及境外认证工作要求，对境外代表、中心内部检查员进行境外检查要点培训，统一了审核尺度。

中绿华夏有机食品认证中心积极拓展境外合作，进一步加强与澳大利亚 ACO、NASAA、德国 Sellbio、立陶宛 Eko、日本 JONA、智利 Bio－Audita、丹麦有机中心、中检集团伦敦公司 8 家境外国际认证机构的紧密合作关系。中绿华夏有机食品认证中心还与意大利有机农业与生物动力农业协会服务有限公司、中澳有机食品研究中心建立了新的合作关系，在意大利、澳大利亚开拓认证市场奠定了基础，进一步提升了中绿华夏有机食品认证中心在境外的知名度和影响力。

2020
绿色食品发展报告

第四篇

农产品地理标志

四川洪雅县瓦屋山镇复兴村茶园

2020 绿色食品发展报告

第四篇　农产品地理标志

一、产品发展

（一）产品登记

2020 年，全国新登记农产品地理标志 312 个，其中，国家级贫困县登记 87 个，涉及 18 个省份 70 个县（市、区），"三区三州"登记 7 个，农业农村部定点扶贫县登记 5 个，大兴安岭南麓片区登记 1 个，环京津贫困地区登记 3 个，国家脱贫攻坚挂牌督战县登记 7 个。

截至 2020 年 12 月 10 日，全国累计登记农产品地理标志 3 090 个，其中，国家级贫困县登记 806 个，占登记总数的 26.0%，涉及 23 个省份 421 个县（市、区），占国家级贫困县总数的 50.6%。

（二）产品结构

截至 2020 年 12 月 10 日，全国登记的农产品地理标志中，种植业类产品 2 382 个，占比 77.1%。其中，果品类产品 853 个，占登记产品总数的 27.6%；蔬菜类产品 532 个，占登记产品总数的 17.2%；粮食类产品 382 个，占登记产品总数的 12.4%；茶叶类产品 193 个，占登记产品总数的 6.2%；药材类产品 192 个，占登记产品总数的 6.2%。

全国共登记农产品地理标志畜禽类产品 472 个，占比 15.3%；水产品 236 个，占比 7.6%。

浙江"青田杨梅"地理标志农产品生产基地（陈拥军 摄）

（三）区域分布

全国登记的农产品地理标志中，北京、天津、河北、山东、江苏、上海、浙江、福建、广东、海南10个东部地区省份登记820个，占比26.5%；山西、安徽、江西、河南、湖北、湖南6个中部地区省份登记759个，占比24.6%；陕西、甘肃、青海、宁夏、新疆、重庆、四川、云南、贵州、西藏、广西、内蒙古12个西部地区省份登记1241个，占比40.2%；辽宁、吉林、黑龙江3个东北地区省份登记270个，占比8.7%。

（四）工作机构

全国共有省级农产品地理标志工作机构46家，农产品地理标志定点检测机构101家。

二、保护工程

2020年是贯彻落实党中央决策部署，实施地理标志农产品保护工程的第二年。农业农村部4月印发了《农业农村部 财政部关于做好2020年农业生产发展等项目实施工作的通知》，5月印发了《农业农村部办公厅关于做好2020年地理标志农产品保护工程实施工作的通知》，安排中央财政转移支付农业生产发展资金10亿元，在全国范围内继续支持200个地理标志农产品发展。围绕特色资源发掘、特色产业发展和农耕文化发扬，项目以地理标志农产品品种保护繁育、特色品质保持提升、品牌培育打造、标准化生产为重点，推动地理标志农产品生产标准化、产品特色化、身份标识化和全程数字化。

承担项目任务的34个省级农业农村部门认真实施保护工程，健全工作机制，加强项目指导督导，努力克服新冠肺炎疫情不利影响，创新工作方式方法，持续推进项目落实，取得了良好成效。一是重点任务顺利完成。全国支持了242个地理标志农产品的发展，建成品种繁育基地和核心生产基地近300个，产品生产技术规范得到推广应用，推进绿色化标准化生产，特色优质和产品供给能力明显提升。产品包装用标率达到90%以上，共举办各种推介活动2000余场，品牌影响明显提升。各省均建立项目领导小组，制订省级实施方案，开展省内绩效考评，健全"省级统筹＋县级实施＋部门督导"项目实施机制。二是资金落实同比增加。共落实中央专项资金7.78亿元，比2019年增加1.76亿元，江苏、浙江、北京等省级财政共配套5269万元。

单个产品平均支持金额约 350 万元。三是扶贫增收效果显著。各地积极探索建立地理标志农产品和农户的利益联结机制，通过入股、产品收购、产业链带动、参与务工等方式，共带动 273 万农户增收约 146 亿元，支持了 75 个国家级贫困县特色产业发展，在促进乡村特色产业发展和脱贫攻坚中发挥了积极作用。

四川"井研柑橘"地理标志农产品良种繁育中心

三、证后监管

2020 年，中国绿色食品发展中心组织对山西、辽宁、黑龙江、福建、江西、山东、湖北、湖南、广西、四川、贵州、陕西、甘肃 13 个省份的果品、蔬菜、粮食 3 类产品 44 个地理标志农产品开展质量安全指标和特色品质指标监测。从监测结果看，质量安全指标合格率 100%，体现了产品的高安全性；特色品质指标方面，3 类产品均有不符合的样品。

地方典型

四川省充分发挥农产品地理标志产业优势

近年来，四川省大力推进农产品地理标志发展，通过深入挖掘地理标志资源蕴含的价值，打造区域特色农业经济，传承与发展区域特色农业农村文化，助力乡村振兴，实现质量兴农、品牌强农。截至 2020 年底，全省累计登记农产品地理标志 191 个，累计实施地理标志农产品保护工程 38 个，建立了一批地理标志农产品品种母本园和核心基地，进一步强化了品种资源保护。2020 年，中欧地理标志协定正式签署，"四川泡菜""纳溪特早茶"等地理标志农产品纳入中欧第一批互认产品名单。丹棱桔橙自2016年开展品牌价值评价，5年时间累计上涨10.04亿元，攀枝花枇杷产业扶贫模式入选2019年全国产业扶贫范例。农产品地理标志为提升全省农产品市场竞争力，推动区域经济发展，保护农耕文明，促进农民增收，发挥了积极作用。

四、业务培训

2020年9月，农业农村部农产品质量安全监管司与中国绿色食品发展中心在福州举办了地理标志农产品保护工程培训班。总结了2019年保护工程工作，安排部署了2020年保护工程重点工作，有关专家对产品登记和保护工程绩效考评进行了解析。

2020年10月，在重庆组织举办了农产品地理标志核查员培训班，重点对申报过程关键问题和登记技术要点进行了详细解析，提升了核查员的专业技术水平和综合审查能力。

2020年，支持河北、内蒙古、天津、湖北、浙江5个省份开展核查员及品牌建设培训。

四川"丹棱桔橙"地理标志农产品基地——幸福古村

五、品牌宣传

（一）展示推介

11月27—30日，第十八届中国国际农产品交易会期间，中国绿色食品发展中心成功举办农产品地理标志专展。本届地理标志专展展区面积近5 000平方米，创历史新高。共设立309个标准展位，33个省级展团502个农产品地理标志集中展示。据不完全统计，展会期间达成合作意向4亿多元，现场签约3 000多万元，线上销售1 000多万元。

第十八届中国国际农产品交易会期间，中国绿色食品发展中心成功举办农产品地理标志专展及第六届全国农产品地理标志品牌推介会。农业农村部于康震副部长出席农产品地理标志品牌推介会并讲话。农业农村部官网发布题为"第六届全国农产品地理标志品牌推介会在重庆举办"的报道，中国政府网同时进行了转载。

第十八届中国国际农产品交易会农产品地理标志专展

（二）活动宣传

继续组织有关单位参加中国品牌建设促进会地理标志产品区域品牌价值评价活动，其中，蒙阴蜜桃、中宁枸杞、宜昌蜜橘等31个农产品地理标志进入区域品牌（地理标志产品）百强榜。"4.26"世界知识产权宣传日期间，开展了农产品地理标志云宣传活动。继续加强部属媒体宣传报道，《农民日报》全年共报道地理标志农产品95篇，其中，头版稿件12篇，整版专题1个。中国农业电影电视中心、中国农村杂志社、《农产品质量与安全》期刊等部属单位与媒体，也加大了对地理标志农产品宣传和普及。

六、国际合作

2020年9月14日，我国与欧盟正式签署《中华人民共和国政府与欧洲联盟地理标志保护与合作协定》，协定将在中欧双方履行完各自的法律手续，于2021年3月1日正式生效。协定包括14条和7个附录，主要规定了地理标志保护规则和地理标志互认清单等内容。根据协定，纳入协定的地理标志将享受高水平保护，并可使用双方的地理标志官方标志等。协定附录共纳入中欧双方各275个地理标志产品，涉及酒类、茶叶、农产品、食品等。保护分两批进行，第一批双方互认的各100个地理标志于2021年3月1日起开始保护，其中包括农业农村部推荐的35个农产品地理标志；第二批各175个地理标志将于协定生效后4年内完成相关保护程序，其中包括农业农村部推荐的54个农产品地理标志。协定的签署，将有利于促进我国优秀的地理标志农产品进入欧盟市场，有利于我国消费者获得更多欧洲特色产品，满足更美好生活的需要。